Karsten Demant

Allgemeine Wirtschaftsgeschichte

Karsten Demant

Allgemeine Wirtschaftsgeschichte

Fünf Exzerpte über „Die Arbeit als Grundbedingung des menschlichen Lebens“

FSC
www.fsc.org
MIX
Papier aus verantwortungsvollen Quellen
Paper from responsible sources
FSC® C105338

Bibliografische Information der Deutschen Nationalbibliothek:
Die Deutsche Nationalbibliothek verzeichnet diese Publikation in der Deutschen Nationalbibliografie; detaillierte bibliografische Daten sind im Internet über http://dnb.dnb.de abrufbar.

Herstellung und Verlag: BoD – Books on Demand, Norderstedt

ISBN: 978-3-7562-1508-9

Einleitung

Nach langer und reiflicher Überlegung habe ich letztendlich den Entschluss gefasst, dieses Buch mit seinen fünf Exzerpten über die „Allgemeine Wirtschaftsgeschichte" dem Publikum zur Verfügung zu stellen. Es ist an diejenigen Leser gerichtet, die dem alltäglichen medialen Einheitsbrei entfliehen wollen und mehr über die Natur, Gesellschaft und dem menschlichen Denken in Erfahrung bringen wollen.

Dieses Buch ist nicht geschrieben worden, um den Leser bekehren zu wollen, sondern die Möglichkeit zu geben, mal eine andere Sicht der Dinge in Erfahrung zu bringen. Die „Allgemeine Wirtschaftsgeschichte" setzt allerdings ein paar grundlegende Kenntnisse voraus. Doch das soll den Leser nicht abhalten. Das Gegenteil ist der Fall.

Eine unabdingbare Voraussetzung ist, dass der Leser ohne ideologische und politische Vorbehalte an den Lesestoff herangeht. Man muss vieles mehrfach durchdenken, obwohl es logisch erscheint. Viele stoßen sich an bestimmte Begriffe wie Produktionsverhältnisse oder Produktionsweise. Dreht man das Wort „Produktionsverhältnisse", so kann man es als real existierende Verhältnisse, wie unter bestimmten gesellschaftlichen Bedingungen produziert wird, nennen. Auf die zuletzt genannte Schreibweise hat der Verfasser bewusst verzichtet, da diese damaligen Gedanken ohne Veränderung an den Leser herangebracht werden sollen, wie es der übliche Gebrauch gewesen war.

Ein gewinnbringender Aspekt ist die Eröffnung einer breiteren Sicht der Dinge in der Gesellschaft. Der Weitblick ändert sich beim Verständnis der dargestellten Theorie und man bewertet vieles anders, wie andere es sich wünschen.

In diesem Sinne wünsche ich viel Spaß bei dieser Lektüre.

Karsten Demant 2022

Jürgen Kuczynski: Allgemeine Wirtschaftsgeschichte – Von der Urzeit bis zur sozialistischen Gesellschaft. Berlin: Dietz Verlag GmbH 1949 – (Exzerpt)

1. Vorlesung (Seite 7 - 20)

Vom Anfang und Ende der Wirtschaftsgeschichte

Der große französische Staatsphilosoph Montesquieu stellte einmal fest, dass nur die Völker glücklich sind, die eine langweilige Geschichte haben. Das er recht mit dieser Aussage hatte, sieht man an der heutigen Realität, die mit wirtschaftlichen Krisen und Kriegen übersät ist.

Millionen Menschen kämpfen gegen die Ausbeutung, welche in verschiedenen Formen auftritt. Das Kapital von heute setzt seine Tradition der Unterdrückung fort. Die Mehrproduktion ist der Ausgangspunkt, wo die Geschichte der Menschheit in zwei verschiedene Epochen gegliedert wird. In der Ersten produziert der Mensch gerade soviel, um sich am Leben erhalten zu können. Sicherlich kann es auch mal etwas mehr gewesen sein, aber nicht genug, um über eine längere Zeit so viel zu produzieren, welches er selbst nicht braucht. In der Zweiten ist das Wirtschaftsniveau schon höher. Hier werden Tiere gezähmt und es wird Ackerbau betrieben. Der Einzelne produziert jetzt so viel, dass er nicht nur reichlich leben kann, sondern in der Lage ist, auch Menschen zu ernähren, die nichts mit der Nahrungsbeschaffung zu tun haben. Diese Entwicklung der Mehrproduktion, das heißt Produktion von Gütern, die über den eigenen Bedarf hinausgeht, ist die Ursache der Entstehung von Privateigentum. Mit dem Privateigentum werden zwei Klassen geschaffen. Einmal diejenigen, die mehr produzieren und diejenigen, die sich das Mehrprodukt aneignen. Die Habgier ist die treibende Seele der Zivilisation schon immer gewesen. Reichtum und immer wieder Reichtum ist das einzige Ziel lumpiger Individuen. Dies führt irgendwann zu einer neuen materiellen Grundlage der Entwicklung der Gemeinschaft des Eigentums, wo alle einen Nutzen ihrer Arbeit haben. Es ist eine Entwicklung der Produktivkräfte mit ihren entsprechenden gesellschaftlichen Verhältnissen. Die Wirtschaftsgeschichte wird in den drei großen Epochen der Wildheit, der Barbarei und der Zivilisation gegliedert. Die Wildheit ist nichts anderes als die Beschaffung der Tagesnahrung. Die Barbarei ist die Zähmung und Züchtung von Haustieren sowie den Ackerbau mit einer allmählichen Entstehung der Mehrproduktion. Ebenfalls sind Anfänge der Sklaverei zu verzeichnen. Die Zivilisation ist die Zeit des Heranreifens von Klassenkämpfen, die auf immer höherer Stufe stattfindet. Die Epoche der Zivilisation gliedert sich in drei verschiedene Gesellschaftsformen. Die Sklavenwirtschaft, die Leibeigenenwirtschaft und der Kapitalismus.

Wesensmerkmale dieser drei Gesellschaftsformen

Sklavenwirtschaft: Hier gehört der einzelne Mensch mit all seinen Fähigkeiten einem Herrn, für den er produzieren muss.

Feudalismus: Das Produkt gehört den Hörigen und nicht den Herren. Er nimmt sich aber das Recht heraus, einen bestimmten Teil des Produkts zu fordern. Der Hörige ist hier ein Teil des Bodens und kann nur mit ihm verkauft werden.

Kapitalismus: Hier ist der Arbeiter frei, denn er verkauft seine Arbeitskraft an den Kapitalisten, die er auch voll ausnutzen kann. Er bezahlt ihm einen ausgemachten Betrag. Er ist theoretisch frei, da er nicht arbeiten muss. Praktisch, da er keine Produktionsmittel besitzt, muss er sich verkaufen, um Leben zu können. Die wirtschaftliche Entwicklung schreitet immer schneller voran. Damit verbunden entfalten sich neue Wirtschaftsformen und Produktionsmethoden. Es gibt durchaus ganz bestimmte Vorstellungen von idealen Wirtschaftsformen wie das Paradies oder das Schlaraffenland. Dies sind Vorstellungen, wie man sie auch im Kommunismus vorfindet. Es soll einen immer größeren Reichtum bringen und die Anhäufung von Reichtum wird schneller, da sie geplant ist. Auch der Produktionsprozess wird umgeformt. Damit muss man sich immer weniger Mühen und es kostet immer weniger Zeit. Die Produktion wird demzufolge immer leichter, bis irgendwann der Punkt erreicht ist, dass die Beschäftigung sich als angenehm darstellt. Es wird sorgfältig geplant und es werden keine Kräfte und Materialien mehr vergeudet. Alles ist auf die Befriedigung der Menschen gerichtet. Das Mehrprodukt wird wieder an den arbeitenden Menschen zurückgegeben. Die Wirtschaft spielt dann keine Rolle mehr.

2. Vorlesung (Seite 21 - 34)

Die Epoche der Wildheit

Die Hand ist das Organ zur Arbeit. Sie ist die Voraussetzung der menschlichen Wirtschaftsgeschichte. Erst die Arbeit hebt den Menschen aus seiner tierischen Existenz. Erst durch den aufrechten Gang wurde die Hand ein immer fähigeres Organ der Arbeit. Zur Ernährung gehörten Früchte, Wurzeln und Pflanzen. Die Fleischnahrung kam später auf, da das Töten von Tieren mehr Geschicklichkeit erforderte. Es gab wohl überhaupt keine wirtschaftliche Arbeitsteilung. Die ersten Fortschritte auf dem technischen und wirtschaftlichen Gebiet war die bewusste Bearbeitung von Werkzeugen. Ein weiterer Fortschritt war die Entdeckung des Feuers. Damit hatte der neue Mensch eine höhere Stufe erreicht als der primitivere Mensch der frühen Wildheit. Es kam dann die Möglichkeit des Fischfangs dazu und damit wahrscheinlich auch die Sesshaftigkeit. Die Jagd wird wohl die erste Form der Arbeitsteilung gewesen sein. Die Männer spezialisierten sich immer mehr auf die Jagd. Damit blieb für andere Arbeiten keine Zeit mehr. Aus diesem Grund spezialisierten sich die Frauen auf die anderen arbeiten. Die Werkzeuge wurden in dieser Zeit immer schneller und besser. Eine Erhöhung der Fertigkeiten und der Arbeitsleistung wurde damit erreicht, indem der eine sich aufs Großwild und der andere aufs Kleinwild Spezialisierte. Die Anstrengungen wurden immer geringer, da alles besser und effektiver wurde. Einen ganz gewaltigen Fortschritt in der Entwicklung des Menschen stellte der stabile Wohnplatz dar. Dies war die Basis einer Wohn- und Einrichtungskultur. Vieles entwickelte sich. Das Holz war nicht nur für den Schiffsbau da, sondern auch für das Haus oder die Höhle, nützliche Haushaltsgegenstände, Körbe aus Pflanzenfasern, Kleidung aus Fellen und vieles mehr. Im Laufe der Zeit wurde so ein kleiner Reichtum angehäuft. Alles, was gefertigt und hergestellt wurde, musste auch für eine längere Zeit halten. Trotz dieser Errungenschaften ist immer noch der Zustand der Gemeinschaft so, dass gerade genug für jeden einzelnen Menschen vorhanden ist. Auch das Klima spielte eine wesentliche Rolle. Die Nahrung konnte noch nicht für längere Zeit aufbewahrt werden für andere Jahreszeiten, was bei den Werkzeugen schon gelang. Sie stellten eine primitive Vorform des Wertes dar (geronnene Arbeitszeit). Man lernte, die Jahreszeiten für sich auszunutzen. Was man im Winter nicht machen konnte, erledigte man im Sommer. Als Beispiel sei hier der Wohnungsbau genannt. Man musste also planen, was man machen kann, damit dadurch ein Nutzen zustande kommt für alle. Aus dieser Tatsache heraus beruht der Gedanke einer planmäßigen Wirtschaft. Die Werkzeuge gehörten der Gruppe gemeinsam. Allerdings kann man den Begriff "Eigentum" noch nicht verwenden, da man zur Nahrungssuche erst einmal Stock und Stein suchte. Die urkommunistische Gesellschaftsform beginnt mit jenem Tag, wo man die ersten Werkzeuge behalten hat, um sie am nächsten Tag wieder zu gebrauchen. Der Übergang von der Menschenhorde zu einer Menschengesellschaft ist durch den Stand der Produktivkräfte gekennzeichnet. In diesem Fall wäre es die Benutzung von Werkzeugen. Die Werkzeuge werden nicht mehr von Tag zu Tag gesucht und nach Gebrauch weggeworfen, sondern sie werden wegen ihrer besonderen Qualität aufgehoben. Man muss hier auch auf einen produktionsfördernden Faktor hinweisen, nämlich dem Prozess der einfachen Kooperation oder der Zusammenarbeit. Zwei Elemente des Fortschritts sind da erwähnenswert. Dass die Leistungskraft einer Gruppe beachtlich ist gegenüber der Summe ihrer Individuen. Ein Beispiel soll dies verdeutlichen. Der Eindruck eines Menschen und eines Elefanten gegenüber ist gleich null. Aber 20 Menschen eines Elefanten gegenüber ist nicht gleich 20-mal null, sondern beachtlich. Auch der bloße Kontakt der Menschen untereinander erzeugt bei den meisten produktiven Arbeiten einen Wetteifer und eine bestimmte Erregung der Lebensgeister. Dies erhöht die individuelle Leistungsfähigkeit des Einzelnen und führt zu einer Erhöhung der Produktivkraft. Eine weitere Entwicklung muss genannt werden, nämlich die Kunst. Heute versetzt es uns in Erstaunen, wenn wir uns die Malerei in den Höhlen betrachten. Anzunehmen ist, dass diese Malereien von einzelnen begabten Menschen stammen und von der Gruppe dafür freigestellt wurden. Sie wurden von der Gruppe ernährt und von der Nahrungssuche für diese Zeit befreit. Daher scheint es sehr wahrscheinlich, dass wir hier die ersten Anfänge einer zeitweiligen beruflichen Gliederung haben. Man könnte sagen, die Kunst tritt hier als Spezialnebenberuf auf. Offenbar diente diese Kunst magischen Zwecken mit dem Ziel, den Broterwerb zu steigern.

3. Vorlesung (Seite 35 - 54)

Die Epoche der Barbarei

Ein ganz entscheidender wirtschaftlich technischer Fortschritt in dieser Epoche war die Steigerung der Produktivkräfte. Hier hat der Mensch sich die Fähigkeit erworben, Ackerbau zu betreiben und Tiere für den Hausgebrauch zu zähmen. Damit wurde ein gewaltiger Schritt in Richtung Sesshaftigkeit gemacht. Immer mehr feste Siedlungen waren zu finden. Ackerbau und Viehzucht führten zu einer immer größeren Besiedlung, da man dadurch auch auf einen geringeren Raum eine bestimmte Menschenzahl ernähren konnte. Die ersten Anfänge des Übergangs zum Ackerbau und Viehzucht sicherte den Menschen mehr Nahrung auf kleinsten Raum und eine größere Zuverlässigkeit und Regelmäßigkeit der Nahrungszufuhr. Dies brachte eine Verbesserung der Gesundheitsverhältnisse mit sich. Die harten Jahreszeiten wurden jetzt erträglicher, denn das gezähmte Vieh konnte man auch im Winter melken und schlachten. Die Vorratswirtschaft kam auf und der Ackerbau entstand in Form von Gartenbau, welcher in den Händen der Frau lag. Ebenso konnten jetzt Kinder im frühen Alter eingesetzt werden, welches eine bedeutsame Erweiterung der Produktivkräfte darstellte. Der Gartenbau wurde zum Feldbau ausgedehnt, wo neue Produktionsmittel zur Anwendung kamen. In der Wildheit war es die Fischerei, die den größten technischen Fortschritt brachte. In der Barbarei war es die Landwirtschaft, die die Produktion am schnellsten vorwärtsgetrieben hat. Mit der Verbreitung von festen Siedlungen und der Einführung der Viehzucht, die eine Vermehrung der Lebensmittel mit sich brachte, begann allmählich sich ein Tausch von Gütern anzubahnen. Durch dieses zufällige Aufeinandertreffen der Menschen, um Güter gemeinsam zu tauschen, entstand eine feste Route. Aus den getauschten Gütern werden Waren und es entwickelt sich die erste große gesellschaftliche Arbeitsteilung, wo sich zugleich der Handel herausbildet. Der Handel basiert auf Warenwirtschaft, damit werden jetzt nicht nur Gebrauchswerte hergestellt, sondern auch Tauschwerte. Mit dem Handel und der Warenwirtschaft entsteht das Geld. Es ist zwar noch nicht in Münzform anzutreffen, sondern vorerst in Schmuckgeld, Kleidergeld und Gerätegeld. Damit entstand der berufsmäßige Händler. Der Einzelne kann jetzt mehr produzieren, als er für seinen Lebensunterhalt braucht. Diese größere Nahrungsmittelerzeugung führt zu einer neuen Art von Wirtschaft, d. h. zu einer Warenwirtschaft und zu einer Wirtschaft mit Arbeitsteilung. Dieser Prozess ging nicht von heute auf morgen, sondern war ein sehr langer Prozess, bis er genügend ausgereift war. Des Weiteren ergab sich die Möglichkeit, dass nicht mehr alle Menschen zur Nahrungsmittelproduktion gebraucht wurden. Dieser Teil konnte sich nun anderen Beschäftigungen widmen wie dem Handwerk. Insgesamt ergaben sich drei große gesellschaftliche Teilungen der Arbeit. Die erste große gesellschaftliche Teilung der Arbeit ist die Nahrungsmittelbeschaffung durch Ackerbau und Viehzucht. Mit dem Handwerk kam dann die zweite große gesellschaftliche Teilung der Arbeit. Mit dem berufsmäßigen Händler kam die dritte Teilung der Arbeit. Durch die große Produktivität in der Nahrungsmittelbeschaffung können wir von einem Mehrprodukt sprechen. Die Mehrproduktion ist die Ursache für die zweite große gesellschaftliche Teilung der Arbeit. Es entwickelte sich der Bergbau, die Werkzeuge, die Produktion von Konsumgütern wie Haushaltsgegenstände und Textilien und der Austausch von Vieh und Viehprodukten gegen landwirtschaftliche Produkte. Dies alles führte allmählich zur Ausbildung eines Binnenhandels. Sicherlich war es zu dieser Zeit vielfach noch Gemeineigentum, aber mit der Zeit bildete sich das Privateigentum heraus. Das Vieh vermehrte sich aber schneller als die Menschen, welches noch nicht zu einem Mehrprodukt des Viehs führte, sondern zu einem Mangel an Menschen. Dieses mehrproduzierte Vieh ging auch wieder sofort verloren, indem es verwilderte oder verkam. Man war also noch nicht in der Lage, dieses Mehrprodukt für sich zu nutzen. Infolge eines daraus resultierenden Menschenmangels kam es zu kriegerischen Auseinandersetzungen, da man auf die Idee kam, sich Menschen einfach aus anderen Gemeinschaften zu beschaffen. Zuerst überfiel man sie und verspeiste sie, da man mit ihnen noch nichts anfangen konnte. Doch die Situation verändert sich im Laufe der Zeit. Die Viehvermehrung stieg dermaßen an, dass man nun Menschen für deren Aufsicht brauchte. Aber auch für andere Zweige wie den Ackerbau waren sie nützlich. Dieses Problem löste man durch Kriege. Mann verspeiste den Feind also nicht mehr, sondern man beschäftigte ihn. Damit wurden der Krieg und der Menschenraub zu einem festen Bestandteil der Wirtschaft. Ohne Krieg, keine Wirtschaft. Damit entwickelte sich der Krieg zu einem natürlichen Zustand. Es lohnte sich immer mehr, andere Gemeinschaften zu überfallen. Die Gefangenen, die man machte, waren nun die Sklaven. Die Sklaverei entwickelte sich aus der Mehrproduktion. Aus dieser Tatsache heraus entstanden in der Gesellschaft zwei Klassen. Einmal die Sklaven und zum anderen die Freien. Die Freien wiederum waren durch die Mehrarbeit noch nicht von der körperlichen Arbeit befreit. Der Sklave war also in den Anfängen so etwas wie ein Hilfsarbeiter, wo der Sklavenbesitzer mitarbeitete. Das Mehrprodukt brachte eine Teilung der Arbeit unter den Menschen mit sich. Einmal in jene, die sich der Nahrungsmittelproduktion widmeten und jene, die mit der Herstellung von Handwerkzeugen, also mit einer gewerblichen Art beschäftigen. Zum anderen bringt es dann noch eine Teilung in Freie und in Sklaven. Also eine Teilung in einer ausbeutenden und ausgebeuteten Klasse. Hierin liegt auch begründet, dass eine wirtschaftliche Neuentwicklung hervorgeht, nämlich die Entstehung von Reichtum in einem größeren Ausmaß, wo später das Privateigentum hervorgeht. Natürlich ging die Entwicklung des Privateigentums ganz langsam vor sich und ist eng mit der Entwicklung der Produktivkräfte verbunden. Man geht heute davon aus, dass bei der Gewinnung von zusätzlichen Produktivkräften in einem siegreichen Krieg die Führer im Krieg die ersten Besitzer von Privateigentum waren. Für ihre kriegerische Leistung wurden sie ausgezeichnet, indem sie einen gewissen Teil, welcher für die Gemeinschaft erobert wurde, ihnen selber zur Verfügung gestellt wurde. Das Privateigentum, welches eine Teilung der Gesellschaft hervorgebracht hat, ist letztendlich eine Teilung zwischen reich und arm. Es betrifft aber nur die Freien. Denn die Sklaven wurden nicht als Menschen angesehen, sondern als Werkzeug. Und Werkzeug ist weder reich noch arm. Wenn all diese Auswirkungen der wirtschaftlichen Vorgänge auf die Stellung von Mann und Frau betrachtet werden, kann man feststellen, dass man in der Wirklichkeit nur eine recht einfache Arbeitsteilung nach dem Geschlecht kannte. In der Barbarei dagegen können wir schon eine viel weitergehende Teilung der Arbeit nach dem Geschlecht vorfinden. Im Laufe dieser Zeit bildete sich ein neuer Trennungsmaßstab heraus. Das Geschlechtsleben lief bis dahin durcheinander, so das der Mann nicht so recht wusste, welches denn seine Kinder waren. Die Kinder konnte man aus biologischen Gründen nur der Frau zuordnen. Damit entwickelte sich die Paarungsehe. Die geschlechtliche Teilung der Arbeit wurde immer schärfer, da auch ein immer größerer Teil des Eigentums aus der Arbeit der Männer herrührte. Der Charakter des persönlichen Eigentums veränderte sich. Aus dem persönlichen Eigentum wurde Privateigentum. Der Vater fängt jetzt an, eine Rolle zu spielen, da er durch die Paarungsehe weiß, welches seine Kinder sind. Damit tauchen allmählich Fragen des Erbes auf. Denn er ist nun daran interessiert, dass sein persönliches Eigentum an die Kinder weitergegeben wird, welches vorher der Gemeinde zufiel. Damit entwickelt es sich zu Privateigentum und einer zunehmenden Rivalität zwischen Mann und Frau. Da jetzt beide festzustellen glauben, wem die Kinder gehören, gerät die Frau in eine wirtschaftlich schwierige Position. Zudem kommt, dass die Männer den überwiegenden Teil des Reichtums schaffen und verwalten. Diese Umstände führen zur Ablösung der Herrschaft der Frau und zu einer monogamen Ehe. In der Zeit allerdings, wo die Frau herrschte, hatte der Mann seine volle Freiheit. In der sich jetzt entwickelnden Form büßt sie ihre Freiheit ein und der Mann nennt sie für längere Zeit sein eigen. Das hieß für die Frau, dass sie nicht mehr mit anderen Männern geschlechtlichen Kontakt haben durfte, welches eine gemischte Nachkommenschaft mit sich bringen würde und er sich seiner Kinder nicht mehr sicher wäre. Der Mann selber war diesbezüglich vollkommen frei, denn er konnte frei geschlechtlich verkehren, ohne dass eine Vermischung der Kinder eintreten würde. Damit haben wir den ersten Klassengegensatz, der in der menschlichen Geschichte aufgetreten ist und die erste Klassenunterdrückung. All diese gewaltigen Umwälzungen noch einmal im Überblick. Ackerbau und Viehzucht, Mehrproduktion und Kapitalbildung, Beginn zum größeren Eigentum und einer Klassenscheidung, Übergang von der Polygamie zur Monogamie, vom Mutter- zum Vaterrecht, die gesellschaftliche Teilung der Arbeit und eine schärfere Abgrenzung der wirtschaftlichen Tätigkeit nach dem Geschlecht.

4. Vorlesung (Seite 55 - 70)

Der Übergang von der Barbarei zur Zivilisation

Eine Bestimmung des Moments, wo eine Epoche endet oder eine

neue anfängt, ist nicht möglich. Selbst heute sehen wir das in einem Volk ältere Wirtschaftsformen neben neuere Wirtschaftsformen wirken. Man kann aber davon ausgehen, dass mit der Entwicklung der Produktivkräfte, die eine Bildung von Privateigentum zulässt, die Zivilisation beginnt. Die Urgemeinschaft wird abgelöst von der Entwicklung des Staates. In einem Staat sind die Menschen örtlich aufgegliedert. Damit unterscheidet man zwischen Arm und Reich, Freie und Unfreie und Ausbeuter und Ausgebeutete. Wenn wir die Rolle eines Staates in der Geschichte einer Gemeinschaft bestimmen wollen, so ist der Staat das Produkt einer bestimmten Entwicklung der Produktivkräfte. Der Übergang von der Barbarei zur Zivilisation ist gekennzeichnet vom Übergang von der Verwandtschaftsgemeinschaft zu einer Klassengesellschaft im Staat. Eine kurze Zusammenfassung, wie sich Privateigentum gebildet hat:

1. Der Führer im Krieg bekam einen Sonderanteil der Beute.
2. Je mehr der Krieg ein notwendiges Element der Wirtschaft wurde, wuchs auch die Rolle des Kriegsführers in der Gesellschaft.
3. Aus einer gelegentlichen Tätigkeit entwickelte dies sich zu einem Hauptberuf und aus einer gelegentlichen Sonderzuweisung kamen nun die laufenden Gaben an den Kriegsführer.
4. Eine Zuweisung an untere Kriegsführer ging nun durch seine Hände, d. h. die Kriegsbeute wurde ihm übergeben und er verteilte sie dann.
5. Aus diesem hauptberuflichen Kriegsführer wurde nun ein König.
6. Aus dem hauptberuflichen König entwickelte sich nun im Laufe der Zeit ein Erbkönig, der versuchte, sein Privateigentum durch Erbschaft seiner Familie zu sichern.
7. Eine weitere Positionsfestigung bekam er durch die Übernahme der ideologischen Führung des Volkes. (Mittlerrecht, d. h., er steht zwischen Mensch und den höheren Gewalten).

Diese Entwicklung gelang auch den Unterführern in einem Krieg und bekamen dadurch ähnliche Rechte wie ein König. Aus ihnen entwickelte sich ein Unterkönig oder ein Fürst. Auch religiöse

Funktionen, die am Königsamt hafteten, übernahmen sie. Sicherlich spielten am Anfang auch verwandtschaftliche Verhältnisse eine Rolle. Aber auch andere traten an ihre Stelle. Sie unterstanden dem König schon aus rein militärisch - wirtschaftlichen Gründen heraus. Damit waren sie gezwungen, ihm zu folgen und Kriegsdienste zu leisten. Die wahre Basis der Herrschaft der Unterkönige und Fürsten ist der Grundbesitz. Es ist eine regelmäßige fließende Einnahmequelle. Die Weiterverteilung durch den Grundbesitz an die übrigen Stammesmitglieder wird zur Hauptstütze ihrer Macht. Wenn man bemüht ist, einen Teil dieser Einnahmen aus dem Grundbesitz in einen Schatz zu verwandeln, so ist es nichts weiter als eine besondere Form der Akkumulation von Mehrproduktion neben der anderen. Es ist eine weitere Ausdehnung des Grundbesitzes. Diese besondere Form der Akkumulation in einen Schatz war dadurch bedingt, dass sie viel schneller voranschreitet, als sich die Produktivkräfte entwickelten. Es wurde also durch Raub mehr akkumuliert als konsumiert. Es wurde so viel akkumuliert, dass man alles gar nicht verwerten konnte. Damit ist wiederum die Schatzbildung eine ideale Form der Akkumulation, denn diese erlaubt es bei gegebener Gelegenheit, eine weitere Ausdehnung der Produktionsbasis. Dasjenige, was gehortet worden ist, kann man umwandeln. Dieses gefrorene Produkt wird aktives Kapital, welches andere ausbeutet. Bei all dieser Gier nach Schatz waren die Grundbesitzverhältnisse entscheidend. Der König regelte die Verteilung des Grundbesitzes an die Unterführer durch Kriege. Diese wiederum verteilten einen Teil an ihre Leute. So entsteht neben Gemeineigentum auch Privateigentum an Land. Doch mit dem Privateigentum kam auch die Hypothek, eine Anleihe mit Zinsen. War der Bauer durch bestimmte Umstände nicht in der Lage, das Geliehene wie Getreide oder das Vieh zurückzugeben, musste er einen Teil seines Landes oder Viehbestandes verpfänden. Konnte er das nicht, ging es bis zur Schuldknechtschaft oder Schuldsklaverei. Das versetzte die Reicheren in die Lage, sich neues Land zu beschaffen. Die antike Schuldknechtschaft ist nicht mit der feudalen Einrichtung gleichzusetzen. Der Feudalismus im Mittelalter kannte keine Sklaven, denn hier ist der Hörige den Feldherren vollkommen ausgesetzt, da er kein Land besitzt und einer physischen Gewalt ausgesetzt ist. Der antike Schuldsklave muss nur dem Grundbesitzer dienen, da er ihm gegenüber verschuldet ist. Die Bauern sind hier freie Schuldner bzw. Schuldsklaven, aber keinesfalls feudale Hörige. Weiter beobachten wir ein Erstarken des Adels insgesamt. Um aber dem König gefährlich werden zu können, musste der Adel in die Lage versetzt werden, ihm bei seinen laufenden Geschäften auf die Finger zu schauen, welches die Anwesenheit in seiner Nähe voraussetzte. Um aber machtpolitisch wirksam werden zu können, brauchte der Adel Einnahmequellen, die es ihm erlaubten, machtvoll aufzutreten, obwohl er von seinem Besitz abwesend war. Dort, wo der Kriegsführer seinen Schatz hatte, war wohl auch gleichzeitig das militärische Zentrum der Gemeinschaft, wo etliche Waffen aufbewahrt wurden. Es wurden befestigte Häuserkomplexe geschaffen wie Burgen. Daraus entwickelte sich allmählich eine Stadt. Die Stadt entwickelte sich zu einem militärischen und administrativen ideologischen Zentrum (Religion). Dies ist zurückzuführen auf die wachsende Macht des Kriegsführers zu einem König. Aber auch das Entstehen eines Tauschplatzes (Markt) führt zu einer Stadtgründung. Der Markt wurde militärischer Stützpunkt, um einmal den Markt zu schützen und um von diesem wirtschaftlichen Mittelpunkt aus, dass umgebende Land zu beherrschen. Dies ist aber nicht auf alle Gebiete der Erde zutreffend. Im alten Orient hortete man viele landwirtschaftliche Güter. Hier gelang dem König eine Zentralisierung der wirtschaftlichen Macht in seinen Händen. Die Einführung landwirtschaftlicher Steuern an ihm war ein Mittel zur Abschöpfung von Mehrprodukt. Die Ausleihung von Getreide an die Bauern führte im Laufe der Zeit zu einer allgemeinen Verschuldung der Bevölkerung an den König. Mit dem zunehmenden Handel und dem handwerklichen Betrieb wurde der Wunsch des Königs immer größer, die gesamte gesellschaftliche Aktivität in seinen Händen zu konzentrieren. Was den Adel betrifft, der ebenfalls nach Wünschen des Königs in seiner Nähe sein sollte, wurde aufgrund des Handels und der zunehmenden Ausbildung der Geldwirtschaft in die Lage versetzt, in die Stadt zu ziehen. Von dort konnte man im Laufe der Zeit gemeinsam mehr Druck auf den König ausüben. Diese Veränderungen zogen auch andere Veränderungen nach sich. Die Bevölkerung wurde durch die Ausbreitung von Handel und Handwerk durcheinandergebracht. Eine gewisse Mobilität entwickelt sich, wo das verwandtschaftliche Leben auseinandergerissen wurde. Eine neue Schichtung der Bevölkerung entstand. Wir haben da einmal die Adligen, die ländliche Bevölkerung, die Gewerbetätigen und das Handwerk. Eine neue Art des Gemeinschaftslebens entstand, der Staat. In Griechenland dagegen entwickelte sich die Adelsherrschaft. Sie setzte sich gegenüber dem König durch, sodass die Erblichkeit des Königtums allmählich abgeschafft werden konnte und eine Art Präsident aus ihren Reihen herrschte. Aber auch der Charakter des Adels verändert sich. Waren es vorher großgrundbesitzende Familien, schleichen sich jetzt reiche Kaufleute und Handeltreibende in ihre Mitte.

5. Vorlesung (Seite 71 - 85)

Die Wirtschaft des antiken Griechenlands

Die Basis der antiken Wirtschaft Griechenlands war die Ausbeutung von Sklaven. Freie wurden zwar auch ausgebeutet, die Sklavenausbetung jedoch war das charakteristische Merkmal. Aufgrund zahlreicher Indizien wissen wir, dass seit dem fünften Jahrhundert die Zahl der beschäftigten Sklaven größer war als die der Erwerbstätigen Bürger und Fremden. Damit ist die Sklavenarbeit der Hauptteil der Wirtschaft. Jede Ausbeutungsmethode hat ihre Besonderheit. Der Sklave wird im Allgemeinen gekauft oder geraubt, da er schon eine Kapitalanlage darstellte. Der freie Arbeiter dagegen musste seine Arbeitskraft anbieten, welche dann vom einzelnen Unternehmer für einen begrenzten Zeitraum gekauft wurde. Das Interesse des Sklavenbesitzers ist dagegen eine dauernde Beschäftigung für das ganze Leben. Weiter wichtig ist, dass man die Arbeit der Sklaven leicht überwachen konnte. Ebenso wurde keine besondere Geschicklichkeit gefordert. Den Sklaven selber interessiert nicht seine Arbeitsleistung oder die Qualität seiner Arbeit, da sowieso alles seinem Herrn zufällt. Dies begründet, dass die Sklaven vielfach als Rudermannschaften auf Handelsschiffen eingesetzt wurden. Die weitverbreitete Benutzung von Sklaven als Arbeitskraft hatte zur Folge, dass technische Entwicklungen im großen Ausmaß behindert wurden. Wenn die Sklaven keine gelernte Arbeit leisten können, muss auch die Produktion auf eine ungelernte Arbeit eingestellt werden. Beim Sklaven geht es nur um die Nutzung seiner physischen Arbeitskraft. In der Sklavenwirtschaft können wir erste Tendenzen einer Arbeitsteilung beobachten. Sie erlaubt es, den Arbeitsprozess zu vereinfachen und bei einer genügenden Aufsichtsmöglichkeit mehr Sklaven zu Beschäftigen. Sklaven können vereinfachte Arbeiten durchführen, wie die Verbindung von mehreren Handwerken. Das führte zu dieser Zeit schon zu einer steigenden Verwendung von Sklaven in der Industrie. Ein sehr gutes Beispiel ist die Textil- und Bekleidungsindustrie im antiken Griechenland. Während Luxusware von freien Handwerkern ausgeführt wurde, ist die billige Massenware von Sklaven verrichtet worden. Die Grenze der Sklavenwirtschaft lag darin, dass eine Manufaktur sich nicht zu einer Fabrik entwickeln konnte, denn Sklaven hätten niemals Maschinen laufen lassen können. Die antike Wirtschaft ist aber nicht nur gekennzeichnet von Sklavenarbeit, sondern gleichzeitig auch von Beschäftigung von Freien. Das Nebeneinander von Sklaven und freien Arbeitern führte zu einem besonderen Verhältnis, welches dem Unternehmer Vorteile brachte. Sie konnten beide Schichten nebeneinander ausspielen. Die Sklaven wurden größtenteils durch Kriege oder Unternehmen beschafft und sie konnten teils öffentlich oder privat auf dem Markt verkauft werden. Damit entwickelte sich ein gewinnbringendes Geschäft. Neben dem Sklavenhandel entwickelte sich die Sklavenvermietung. Damit begann eine Trennung zwischen Sklavenbesitzer und Sklavenverwender. Diese Trennung steigerte den Nutzen der Sklaven. Man konnte sie kurzfristig beschäftigen und dann an einem anderen Unternehmer weiter vermieten. Der Sklavenverwender hatte kein Interesse mehr, ihn als Kapital zu halten, denn in dieser Zeit der Miete konnte er ihn rücksichtslos ausnutzen. Der Nachteil bestand in der jeweiligen Neueinarbeitung bei einem Beschäftigungswechsel. Aus diesem Grund vermehrte sich die Sklavenvermietung nicht erheblich. Die griechische Wirtschaft wie auch die antike Wirtschaft und der Feudalismus waren auf Landwirtschaft aufgebaut. Erst in der zweiten Hälfte des siebzehnten Jahrhunderts geht man langsam von der Landwirtschaft auch zum Handel über. Von der Industrie zum Handel ist dies seltener zu sehen. Wo allerdings ein solcher Übergang stattfindet, wurde die Stadt zum wirtschaftlichen Zentrum. Der Handel, der aus den ersten beiden großen Teilen der Arbeit entstanden war, führte die Stadt als wirtschaftliches Zentrum in die Geschichte der Menschen ein und untergräbt zum ersten Male die wirtschaftliche Position der Großgrundbesitzer. Die Teilung zwischen Lebensmittelerzeugung und Handwerk schaffte den Binnenhandel, so war es der Außenhandel, der in Griechenland die Industrie förderte. Es konnte Getreide gegen andere Fruchtarten ausgetauscht werden und es konnten Sklaven von außen beschafft werden. Der Außenhandel im siebenten Jahrhundert brachte einen regen Export von Industrieprodukten aus den Mutterstädten nach den Kolonien. Die dominierende Position des Handels erlaubte der griechischen Wirtschaft das eigentümliche Nebeneinander von Sklaven, freien Bürgern und Fremden. Der Kleinhandel wie auch der Großhandel wurde einmal aus dem Außenhandel und zum anderen aus der eigenen Industrie und Landwirtschaft beliefert. Der Kleinbetrieb war die Basis der griechischen Industriewirtschaft und die industriellen Erzeugnisse wurden größtenteils handwerklich produziert. Die Industrie beschäftigte viele freie Arbeiter, der Bergbau dagegen ausschließlich Sklaven. Neben der Landwirtschaft, dem Handel und der Industrie muss als Letzter wichtiger Wirtschaftszweig das

Bankkapital genannt werden, welches in den Händen der Tempel lag. Der Tempel von Delos war mehrere Jahrhunderte eine der führenden Banken Griechenlands. Manche Tempel hatten sogar das Recht zur Münzprägung. Ebenfalls oft verbunden mit ihm, war das Versicherungsgeschäft wie zum Beispiel bei der Flucht von Sklaven. Wenn wir die Entwicklung der griechischen Gesellschaft vom siebenten bis zum vierten Jahrhundert vor unserer Zeitrechnung betrachten, finden wir eine Reihe von stabilen Faktoren wie Sklavenverwendung, einer hohen Abhängigkeit von der Einfuhr von Lebensmitteln und dem Export von Industriewaren. Einen großen Fortschritt stellte die zunehmende Differenzierung und Teilung der Arbeit dar. Es wurden immer wieder neue Versuche unternommen, die wachsenden Widersprüche der Wirtschaft durch Reformen und Staatsmaßnahmen zu lösen. Die antike Wirtschaft konnte jedoch diese Widersprüche nicht lösen, da es die Beschäftigung von Sklaven gab und die Verschuldung der Bauern groß war. Die antike Wirtschaft ging später aus diesen Gründen zugrunde.

6. Vorlesung (Seite 86 - 99)

Die Wirtschaft des römischen Reiches

Rom war eine kleine Siedlung mitten eines Bauernlandes, wo auch Großgrundbesitzer vertreten waren, welche den obersten Kriegsführern gehörten. Durch Krieg gegen die Nachbarn nahm der Großgrundbesitz zu. Wie in Griechenland ist ein Entstehen eines Königtums zu beobachten, das bis zur Herrschaft von Patriziern und des Adels folgt. Die Zahl der Sklaven war verhältnismäßig gering. Die ersten großen Wandlungen in jener früheren Zeit brachten die samnitischen und punischen Kriege. Damit gab es eine Konzentration von Landbesitz in den Händen einer kleinen Zahl wie den Patriziern. Dieser Prozess ist in dieser Frühzeit auch in den anderen Ländern der Antike zu beobachten, der durch Kriegserwerb und Verschuldung der Bauern an die Großgrundbesitzer zustande kam. Der Verschuldungsprozess der Bauern nahm aufgrund des Kriegsdienstes zu, da die Bauern keine Zeit mehr hatten, ihr Land ordentlich zu bestellen. Mit den samnitischen Kriegen hatte Rom die Grundlage für einen einheitlichen italienischen Staat geschaffen. Es entwickelte sich zu einem mächtigen Reich, wo es keine politische Einigung gab. Mit den punischen Kriegen dann legt Rom die Grundlagen zum Aufbau eines Weltreiches. Durch die punischen Kriege ergab sich folgende Situation: Die Bauernschaft wurde durch den Kriegsdienst erheblich dezimiert. Wer nicht am Krieg teilnahm, verarmte, da dieser Teil der Bauern gewaltige Summen zur Finanzierung des Krieges aufbringen musste. Dem Großgrundbesitzer ging es besser. Der wirkliche Gewinner dieser Zeit durch Krieg war eine rein städtische Schicht. Es waren die Heereslieferanten, die durch den Verkauf von Lebensmitteln, den Schiffbau, den Straßenanlagen und anderen wichtigen Leistungen für den Krieg enorm verdienten. Nun suchten diese Profiteure durch die Anhäufung von Profit eine sichere Anlage, um gute gesellschaftliche Positionen zu erreichen. Unter diesen Umständen war der Großgrundbesitz ein geniales Anlagefeld. Hinzu kamen noch die siegreichen Generäle und Senatoren durch die gewonnenen Kriege. Dadurch gingen gierigen Landkäufer gestärkt hervor, da enorme Landgebiete zur Verfügung standen. Die kriegerischen Erfolge gingen weit über die wirtschaftliche Kraft Roms hinaus. Ein Prozess einer gewaltigen Landkonzentration in wenigen Händen und eine Ausdehnung der Handelspositionen begann. Das fördert wiederum die industriellen Aktivitäten und die Verstaatlichung des Landes. Rom eroberte auch Länder, wo die Stadtkultur bereits dominierte. Überwiegende Teile des Landes wurde von Leuten besetzt, die gar nicht auf dem Lande lebten und arbeiteten. Von den kleineren Landbesitzern ging ein Teil in die Städte, weil die Landpreise enorm gestiegen waren. Sie verkauften ihr Land, um ihr Glück in der Stadt zu versuchen. Dies förderte weiter die Landflucht. Die unselbstständigen freien Arbeitskräfte folgten ihnen sowie die Sklaven, die an ihren Herrn gebunden waren. Damit begann in den einzelnen Städten und ganz besonders in Rom sich eine Schicht von Werktätigen zu sammeln, die als Freie in der Industrie, bei zunehmenden Handelsgeschäften und in Banken beschäftigt waren. Auch die Gelegenheitsarbeit müssen wir hier mit nennen. Der Außenhandel in dieser Zeit war der am meisten ausgeprägteste von allen, welches an den großen Einfuhrbedarf an Getreide und anderen Notwendigkeiten festzumachen ist. Wenn man den Außenhandel in der damaligen griechischen und römischen Geschichte betrachtet, ist Folgendes festzustellen: Das in Griechenland, der Außenhandel und die Industrie das Primat war. Das trifft ganz speziell für Athen zu. Im Römischen Reich dagegen war alles auf die Landwirtschaft und auf die militärischen Bedürfnisse ausgerichtet. Mit den punischen Kriegen schließt ein Abschnitt der Wirtschaftsgeschichte Roms. Bisher konnte sich der Stadtstaat auf die Bauern als wichtigste wirtschaftliche und militärische Basis stützen. Nun hatte sich das Reich verwandelt, wo Grundbesitzer, die Sklavenwirtschaft, ein ausgeweiteter Handel und eine riesige Industrie ihr das Gepräge gaben. Diese neuen Wirtschaftsformen führten zu ernsten Schwierigkeiten, die durch Sklavenaufstände zum Ausdruck kamen. Die Ursache liegt hier in den äußerst brutalen Ausbeutungsformen. Mit den Sklavenaufständen fehlten gleichzeitig die Bauern, die Rom eine wirtschaftliche und militärische Basis gegeben hatten. Durch eine Landreform versuchte man dem abzuhelfen, doch es dauerte eine gewisse Zeit, da die Senatoren dagegen waren. Letztendlich setzte sich der Landerwerb durch, da alle Werktätigen Roms zum Militär mussten. Zudem war es eine neue Quelle für Reichtum. Viele konnten jedoch ihr zugeteiltes Stück Land nicht bewirtschaften, da sie aus der Stadt kamen und von Landwirtschaft keine Ahnung hatten. Deshalb verkauften sie es wieder oder gaben es den angrenzenden Bauern zur Pacht. Der Dienst in der Armee wurde zu einem Erwerbszweig. Das Römische Reich war ein Land der Großgrundbesitzer. Die dritte und letzte Periode betrifft die Kaiserzeit. Die Bewirtschaftungsmethoden in der Landwirtschaft finden wir in der weiteren Ausbreitung von Parzellierung von Großgrundbesitz. Neben der extensiven Landwirtschaft trat die arbeitsintensive Kleinwirtschaft zutage, die auf Basis des Großgrundbesitzes beruht. Doch technische Verbesserungen brachte dies nicht, ganz im Gegenteil. Ein Gesamtrückgang des landwirtschaftlichen Ertrages im Römischen Reich war die Folge. Die zunehmende steuerliche Belastung war so hoch, dass es zur teilweisen Verödung und völligen Verarmung großer Teile des Reiches führte. Die herrschende Klasse kam mit den vorhandenen Produktionsmethoden nicht mehr klar. Die Produktionsverhältnisse kamen in Konflikt mit den Produktivkräften. Die Kosten, die dieser Konflikt mit sich brachte, bezahlte die Bevölkerung. Das Resultat war, dass sich eine neue Gesellschaftsform ankündigte. Dies drückte den Außenhandel und andere Bereiche wie die Industrie, den Bergbau und den Transport kräftig nach unten. Es ist nur eine Vermehrung der Produktionsstätten zu beobachten, aber keine Steigerung der Produktivität, also keine Ausnutzung der wirtschaftlichen Kräfte, welches in der Sklavenwirtschaft als Ursache zu suchen ist. Man musste demzufolge zu neuen Produktionsmethoden übergehen.

7. Vorlesung (Seite 100 - 114)

Der Übergang von der Sklavenwirtschaft zum Feudalismus

Jede neue Gesellschaftsform hat eine neue Methode der Produktion und der Ausbeutung, demzufolge kann man mit den bisherigen Methoden nicht mehr weiter arbeiten. Fakt ist, dass die antike Gesellschaft nicht durch einen Aufstand der unterdrückten Klassen überwunden worden ist. Andere Umstände müssen zum Sturz des Systems geführt haben. Es sind die unterdrückten Völker und nationale Gruppen, die sich erheben. Allen voran sind es die Germanen. Die Deutschen waren besonders damals ein hochbegabter arischer Stamm. Aber die Germanen waren Barbaren, d. h. eine niedrigere Entwicklungsstufe der Menschheit setzte sich gegen eine höhere entwickelte durch. Das wiederum war aber nur möglich, da sich das Römische Reich zurückentwickelte. Das Römische Reich wurde durch einen nationalen Kampf der Germanen zerstört. Was waren aber die Ursachen des Niedergangs? Vom

Mehrertrag steuerte der Staat der Bevölkerung so viel ab, dass jede Initiative zur Mehrproduktion verloren ging. Die antike Sklavenwirtschaft brachte keine genügende wirtschaftliche Leistung mehr für die Reichen und den Berufssoldaten. Einen solchen Sachverhalt sieht man ganz deutlich gegen Ende der Feudalperiode am Beispiel Frankreichs. Die Basis reicht zur Finanzierung der Kosten der herrschenden Klasse nicht mehr aus. Man vergreift sich zunehmend am bürgerlichen Eigentum. Damit geht das Bürgertum den Weg der Revolution und sichert dadurch seine Weiterexistenz und seinen Reichtum. Solange wie sie den Nachforderungen nachkommen konnten, ließ man sie wirtschaften. Blieben sie aber im Rückstand, führte dies zur Flucht aus dem Beruf oder in eine andere Gegend. Letztendlich half auch dies nichts mehr. Man verstaatlichte die Betriebe bzw. die Vereinigungen. Die Verstaatlichung zog man immer mehr vor, um aus den bestehenden Schwierigkeiten herauszukommen. Man ging aber noch einen anderen Weg, den Weg der Münzverschlechterung und der Inflation. Ein interessantes Phänomen dieser Zeit ist die Verwandlung von Geld in Ware. In der Naturalwirtschaft wird die Ablieferung von Pacht in Form von einer Steuer in Produktform geliefert. Eine weitere Verfallserscheinung ist die Verschiebung von der Stadt aufs Land. Wie sieht es in dieser Zeit mit den Sklaven aus? Es gibt keine Eroberung neuer Länder, demzufolge gibt es keine großen Bezugsquellen sklavischer Arbeitskräfte. Eine Bewirtschaftung von Sklaven ist durch Wirtschaftskrisen unrentabel geworden. Einen Vergleich mit dem Kapitalismus ist hier nicht angebracht. Die Sklaven müssen weiter fortlaufend ernährt werden. Es gibt nun immer mehr Freilassungen von Sklaven. An diesem Punkt beginnt die Form der Ausbeutung sich zu verändern. Wie entsteht aber nun der Hörige und seltener der Leibeigene? Durch die Kämpfe immer mächtiger werdender Grundbesitzer untereinander erleiden die kleinen Bauern schweren Schaden. Ihr Ausweg aus einer solchen Situation ist es, Schutz bei den großen zu suchen, wie z. B. bei den Fürsten und den Königen. Für diesen Schutz müssen sie aber zahlen, welches bis zur Übereignung ihres Landes geht. Es wird aber das Recht beibehalten, das Land gegen eine Abgabe einer Leistung zu bebauen, so entsteht der Hörige. Er ist nun Eigenproduzent, der Abgaben zu leisten hat und darüber hinaus über sein eigenes Produkt frei verfügen kann. Dadurch wächst das Interesse an einer steigenden Produktion, da es ja nur ein Teil ist, was ihm vom Produkt genommen wird. Damit tritt eine neue Gesellschaftsform anstelle der Alten.

8. Vorlesung (Seite 115 - 129)

Die Wirtschaft des Feudalismus und das Land

Die wirtschaftliche und politische Basis des Feudalismus lag auf dem Lande. Das Land herrschte über die Stadt. Der Gegensatz dazu war Athen, welches ein politisches und wirtschaftliches Zentrum wurde. Hier herrschte die Stadtwirtschaft über die Landwirtschaft. Dies gilt auch für das Römische Reich, wo die Städte allerdings kein wirtschaftliches und politisches Zentrum waren. Dasselbe galt auch für die wirtschaftlichen Entscheidungen. In der Sklaverei geht das gesamte Produkt an den Herrn des Sklaven. Er gibt den Sklaven nur etwas, damit er am Leben bleiben konnte. Im Feudalismus geht aber das gesamte Produkt seiner Arbeit an den Hörigen oder Leibeigenen. An den Feudalherren muss er nur einen Teil in Sachgut oder Geld abgeben. Nun kann aber der Hörige durch größere Arbeitsleistung seinen Teil erhöhen. Diese Tatsache macht das feudale System fortschrittlich. Unter Fortschritt verstehen wir hier einmal die Freiheit des Menschen und zum anderen die Initiative zu einer höheren Produktion. Interessant hierbei ist, dass der Feudalismus und das Mittelalter zeitlich nicht zusammenfallen. Der Markt in der Frühzeit des Feudalismus ist lokal begrenzt. Die Belastung der Bauern hing ab von den Ausgabemöglichkeiten der Feudalisten. Mehr Ausgabemöglichkeiten hatte man, wenn man eine Verbindung zum Handel hatte. Zu den Frondiensten der Bauern gehörte die Herstellung von Kleidung, Schuhen und Möbeln. Zu den Dienstleistungen gehörten die Lieferungen von landwirtschaftlichen Produkten wie Sicheln, Sensen, Pflüge und Beile. Auch das Bauen von Häusern und Scheunen gehörte ebenfalls zu den Pflichten der Bauern. Die Ausplünderung der Bauern durch die Feudalherren ist in den ersten Jahrhunderten im Allgemeinen keine übermäßige intensive Ausplünderung gewesen. Dies lag daran, dass insgesamt eine gewisse Beschränktheit, wie es den Handel betraf, vorhanden war. Der Feudalherr konnte ja nur eine ganz bestimmte Menge an Essen und Kleidung für sich und seine Familie verbrauchen. Damit gab es eine Grenze der Aneignungslust vom Mehrprodukt. Im 11. und 12. Jahrhundert zerfällt Europa in verschiedene Reiche, die häufig keine rechte zentrale Gewalt vorweisen konnten. Die Könige haben von allen Großgrundbesitzern den größten Teil, der sich von Jahrhundert zu Jahrhundert immer weiter ausdehnte und gleichermaßen verteilt ist, in einen weltlichen und kirchlichen Besitz. Die feudale Gesellschaft ist trotz dieser Unterdrückung und diesem Elend, gesund und fortschrittlich. Man findet genügend Arbeit und Brot, um seine Kinder großzuziehen. Es lohnt sich also, viele Kinder zu haben. Im 12. und 13. Jahrhundert gibt es dann gewisse Veränderungen in der Wirtschaftsform, wo der Großgrundbesitz nicht mehr wächst, sondern zurückgeht. Da der Besitz meistens stark verstreut liegt, reicht die politische Macht der Grundherren nicht aus, eine Verwaltungshierarchie aufzubauen. Damit verwalteten die Beamten (Meier, für den kirchlichen Besitz Vögte genannt) zahlreiche Besitzungen und machten sich mit der Zeit selbstständig. Sie verwandelten sich in Ritter oder irgendwelche andere Herrn, wo sie vom Verwalter zum Vasallen werden. Die ihnen anvertrauten Frohnhöfe, werden allmählich erblich zu Lehensbesitzungen umgewandelt. Der Grundherr wird damit praktisch enteignet. Die Hörigen allerdings bleiben zum Teil bei dem ursprünglichen Herrn, wo das Prinzip der Fernverpflichtung gestärkt wird. Die Bauern sind also durch Abgaben an den Herrn, der weit weg von ihnen lebt, gebunden. Diese Tatsache wird sich als höchst förderlich bei der Ausbildung der Territorialherrschaft erweisen, da es ein erhöhtes Ausmaß an Eintreibung von Mehrprodukt erfordert. Das ist wiederum ein starker Anreiz zur Umwandlung von Dienstleistungen in Sachleistungen und von Naturalverpflichtungen in Geldverpflichtungen. Da aber die Bauern dem Grundherrn gehörten und durch die Verselbstständigung der verwalteten Beamten das Mehrprodukt dadurch entgehen würde, entwickelte sich vielfach eine Pachtwirtschaft. Die Bauern wurden damit frei, da sie jetzt zu relativ freien Pächtern wurden ohne Landbesitz. Allmählich wurden persönliche und sachliche Dienste in Geldleistungen umgewandelt, da der Handel in der Stadt an zunehmender Bedeutung gewann. Die Lage der Bauern verbesserte sich, denn größere Freiheit bringt stärkere Initiative und diese Initiative bringt wiederum größere Erträge und größere Erträge bringen wiederum eine Steigerung des Landes gegenüber anderen Gütern mit sich. Warum haben die Grundherren so etwas zugelassen? Da ist einmal die zunehmende Bedeutung des Handels durch die Kreuzzüge und die Erweiterung der europäischen Wirtschaftswelt. Hinzu kommen das Wachstum der Städte und die städtischen Gewerbe. Dieser Umstand führt zu einem Interesse des Grundherrn am Geldzins. Mit dem 13. Jahrhundert kam der Arbeitskräftemangel durch Kriege und den von außen (Orient) hereingeschleppten Epidemien. Im 14. Jahrhundert wurde der Arbeitskräftemangel noch spürbarer. Damit wurde der Arbeitskräftemangel zu einem einflussreichen wirtschaftsformwandelnden Faktor. Diese Tendenz führte dann zu einer stärkeren Einschränkung der Freiheit der Bauern. Mit der größeren Möglichkeit durch den wachsenden Handel und dem größer werden der Städte mit ihrem Handwerk, dass Kaufen von gewerblichen Waren bis hin zum Anlegen von Geld wächst auch der Wunsch der Feudalherren nach mehr Geld, einer größeren Produktaneignung also. Dies führte zu einer stärkeren Ausplünderung der Bauern. Ein weiterer sehr wichtiger Fakt liegt im Geld selber. Geldzahlungen sind nicht so offenbar, als wenn man sie mit den Leistungen der Bauern durch Naturalleistungen und Frondienste vergleicht. Die Geldforderungen helfen, den Grad der Ausplünderung zu verschleiern. Wenn man viermal in der Woche arbeiten muss, ist jedem klar, dass er mehr als die Hälfte für jemanden anders arbeitet. Die Leistungen der Bauern werden damit ebenfalls erhöht. So kommt es, dass den Bauern immer größere Geldsumme auferlegt werden, die die Unterdrückung enorm verschärfen und deshalb kein Interesse an einer Steigerung der Erträge mehr besteht.

9. Vorlesung (Seite 130 - 149)

Die Wirtschaft des Feudalismus - die Stadt

Was prägt den Charakter einer Gesellschaft? „Stadtluft macht frei", hieß es im Feudalismus. Jedoch die Freiheit der Arbeit widersprach den Prinzipien des Feudalismus. Im dreizehnten Jahrhundert wachsen die einzelnen Städte an Umfang und Bedeutung, obwohl die Zahl der Städte kaum noch zunimmt. Sie legten Wert darauf, ihr Mehrprodukt und ihren Gewinn für sich selbst zu behalten. Damit richtete sich die freiheitliche Bestrebung der Städte vor allem gegen die Feudalherren. Sie wollten diese feudalen Belastungen wie die Abgaben für ihren Schutz nicht mehr an die Feudalherren abgeben. Dieser Kampf war für die Städte erfolgreich, aber mit Gewissen unterschieden. Die größten Erfolge gab es in Deutschland, Belgien, Holland und Italien. In England, Frankreich und Russland dagegen waren die Städte nicht in der Lage, sich von der feudalen Herrschaft zu befreien. Dies hing mit der Zentralgewalt zusammen. Wenn diese schwach war, konnten die Städte ihre Interessen besser durchsetzen. Das Abhängigkeits- und gegenseitige Ausbeutungsverhältnis zwischen den Feudalherren und den Städten kann man folgendermaßen definieren: Das Land beutet die Stadt politisch aus und umgekehrt beutet die Stadt das Land wirtschaftlich durch Betrug und Prellerei aus. Politische Macht ist hier im Allgemeinen mit Landbesitz verbunden. Sie nehmen mehr an landwirtschaftlichen Produkten entgegen, als sie wiederum ihnen an städtische Waren oder Fernwaren liefern. Ist dann aber die Ausplünderung des Landes durch die Stadt so groß geworden, welches durch eine bedeutende politische Erstarkung der Städte zu erklären ist, wird der Feudalismus gebrochen, ohne dass man von einer kapitalistischen Wirtschaft sprechen kann. Die städtische Wucherwirtschaft ist eine Insel innerhalb des Feudalismus. Was war aber nun die ökonomische Basis der Stadt? Die Basis in der mittelalterlichen Stadt ist der Handel sowie das Gewerbe und nicht die landwirtschaftliche Erzeugung. Die Einnahmequellen und die Wirtschaftsmethoden waren durch den Handel und dem Gewerbe bestimmt. Die Stadt wurde eine Herberge von Kaufleuten aus den verschiedensten Schichten. Die oberste Schicht der Stadt waren die Kaufleute, die sich den Hauptteil des Mehrprodukts aneigneten und nicht die Handwerker. Der Reichtum der Kaufleute wurde durch die Ausplünderung aller produzierenden Schichten akkumuliert. Die Devise war, so billig wie möglich kaufen und so teuer wie möglich verkaufen. Es wird jetzt nicht mehr nur mit Luxuswaren gehandelt, sondern mit wichtigen Artikeln des täglichen Verbrauchs. Die Kaufleute handeln Waren aus allen Gebieten der Wirtschaft und der Welt. Der Handel selber produziert ja keinen Mehrwert, er vermittelt nur den Austausch von Werten. Das Handelskapital in überwiegender Herrschaft ist ein System der Plünderung. Die Kaufleute sind es aber auch, die im dreizehnten Jahrhundert das kirchliche Privileg der Schreibkunst brechen. Wichtige Dispositionen und Handelsbücher wurden schriftlich geführt. Neben den Kaufleuten in den Städten finden wir als zweite und weit zahlreicher vorhanden, die große Masse der Bürger. Eine große Zahl der Bürger war gewerblich tätig. Ab dem zwölften Jahrhundert sind häufig Zusammenschlüsse in Zünften zu beobachten, die eine hohe Blüte des Feudalismus darstellten. Das Handwerk war damals der einzige Zweig, daher gab es auch sehr reiche Handwerker. Was den Fernhandel betraf, waren sie auf die Kaufleute angewiesen. Die Zünfte waren dann so mächtig, dass Sie gewisse Bannmeilen schufen. Weben, Bier brauen oder andere ähnliche Aktivitäten wurden nicht erlaubt. Mit der Ausbreitung der Zünfte verschwand, wenn sie so weit bestanden hat, die Gewerbefreiheit. Nur mit der Erlaubnis der Zünfte durften sich die Meister niederlassen. Vieles wurde einheitlich geregelt wie die Preise. Damit wollte man sich gegen feudale wie auch kaufmännische Bedrängung und Ausplünderung schützen. Auch die Arbeitsteilung nahm gewisse Formen an. An dem Beispiel des Schmiedehandwerks im Jahre 1387 in Frankfurt am Main wird dies deutlich. Hier gab es 46 Werkstätten und 23 verschiedene Berufe wie der Hufschmied, der Nagelschmied, der Messerschmied usw. Gleichzeitig deutet diese feine Arbeitsteilung mit dem bereits erreichten Grad der Spezialisierung auf ein entsprechendes gehobenes technisches Niveau hin. Der Unterschied des Reichtums unter den Handwerkern nahm im Laufe der Zeit stark zu. Eine dritte Schicht innerhalb der Stadt waren die Plebejer. Es waren Flüchtlinge aus den feudalen Fesseln des Landes wie ungelernte Tagesarbeiter, Invaliden der Arbeit, kranke und andere. Mit Ausnahme der Plebejer waren die Handwerker mit ihren Zünften und die Kaufleute mit ihren Handelsvereinigungen und Gilden gut organisiert. Während die Zunft sich auf eine Stadt bezog, umfasste die Vereinigung der Kaufleute mehrere Städte. In Deutschland waren sie bekannt als der rheinische und der schwäbische Städtebund. Die mächtigste internationale Vereinigung war die Hanse. Die Kluft zwischen Arm und Reich war enorm. Und trotzdem fand man eine gewisse Geschlossenheit aller vor, wenn es um die feindliche feudale Umwelt ging. Der Grundsatz „Stadtluft macht frei“, galt nur für die Bewohner innerhalb der Stadt. Denn dort, wo die Stadtwirtschaft über die Feudalwirtschaft dominierte, greift die Stadt ebenfalls zu feudalwirtschaftlichen Ausplünderungsformen. So solidarisch man sich gegenüber den Feudalmächten gab, so groß sind auch die Gegensätze unter ihnen. Der bedeutendste und fruchtbarste Gegensatz ist hier zwischen den Kaufleuten und den Zünften zu beobachten. Dort wo sich das Handwerk durchgesetzt hatte, da es ebenfalls Reichtum anhäufte und Macht haben wollte, ist in diesem Fall meistens der Größe der Stadt ein Ende gesetzt. Der Fernhandel geht kaputt, da sich das Handwerk nur auf dem lokalen Handel beschränkt. Es setzt sich mit der Zeit ein gewisser Kompromiss durch. Damit beginnt die erste Verfallsperiode des Feudalismus. Der Kaufmann entwickelt sich nun zum Produzenten. Also vom Wucherer und Plünderer zum Organisator der Produktion. Es ist aber auch eine Entwicklung vom Produzenten zum Kaufmann zu beobachten. Jeder muss die Tätigkeit des anderen mit übernehmen, wo demzufolge neue Produktionsformen gesucht werden. Der eine braucht den anderen. Ein weiterer wichtiger Gegensatz ist zwischen den Meistern und den Gesellen zu beobachten, also innerhalb der Zunft. Die Gesellen wollen einen größeren Anteil am Mehrprodukt in Form von einer höheren Vergütung oder weniger Arbeitszeit.

10. Vorlesung (Seite 150 - 167)

Der Frühkapitalismus

Erst vom sechzehnten Jahrhundert an können wir von Entstehungsformen des Kapitalismus sprechen. Eine Gesellschaft ist im Verfall begriffen, wenn ihre Produktionsformen und das Leben in Widerstreite geraten, wenn die Produktionsverhältnisse in Widerspruch zu den Produktivkräften geraten. Mit der Ausbreitung des Handels und der Entwicklung einer größeren Verwertungsmöglichkeit entsteht das wachsende Bedürfnis nach Mehrprodukt. Der Feudalherr will immer mehr aus den Bauern herauspressen. So kommt es, dass der Landesherr, der niedere Adel und die Kirche der Bauernschaft steigende Lasten aufbürden. Das Gefüge des Lastensystems machte häufig zwei Drittel des gesamten Ertrages aus. Aber diese Ausplünderung war nur ein Teil der Leiden. Mit den Kriegen gingen ganze Ernten verloren. Krankheit und Tod machten die Familien kaputt. Die feudale Landwirtschaft begann zu verfallen. Bauernkriege für eine größere Freiheit wurden geführt und sie wurden überall dort geführt, um die freie Benutzung des Gemeindelandes vor der Habgier der Großgrundbesitzer zu retten. Die Bauernkriege brachten keinen Erfolg, welches an der Uneinigkeit der verschiedenen unterdrückten Klassen lag. Gemeint sind hier die Bauern und die untersten Schichten der Stadt. Ohne die Unterstützung der Städte konnten die Bauern nicht Siegen. Die

Unterdrückung wurde jedenfalls noch schlimmer. Die Voraussetzung für einen Frühkapitalismus ist die Kapitalansammlung. Aus dieser Kapitalansammlung wurde es möglich, sich Produktionsmittel zu beschaffen und Arbeitskräfte anzukaufen. Die ersten Anfänge von Manufakturen finden wir im vierzehnten und fünfzehnten Jahrhundert und sind eine Erscheinung des Feudalismus. Die Einrichtung einer Manufaktur mit ihrer Spezialisierung und Kooperation sowie einer besseren Anordnung des Produktionsprozesses brachte eine Erhöhung der Produktivität, eine Steigerung der gesellschaftlichen Produktivkräfte und schuf die Grundlage für den gesellschaftlichen Fortschritt des Kapitalismus. Doch diese neue Wirtschaftsform stieß immer wieder an die Grenzen des Feudalismus. Dies lag vor allem am Fehlen des freien Lohnarbeiters. Die Zünfte in den Städten behinderten die freie Entwicklung der kapitalistischen Industrie. Der Frühkapitalismus, der sich seit dem vierzehnten Jahrhundert stark entwickelt hatte, war im 17. und 18. Jahrhundert wieder gänzlich verschwunden. Es herrschte wieder uneingeschränkt der Feudalismus mit Ausnahme von England. Selbst das Geld wurde häufig wieder durch Naturalleistungen ersetzt.

11. Vorlesung (Seite 168 - 182)

Die Entwicklung des Kapitalismus in England bis zur industriellen Revolution

England ist das einzige Land in Europa, welches eine fortlaufende kapitalistische Geschichte von der Zeit des Frühkapitalismus bis zum Monopolkapitalismus aufweist. Das Wiedererstarken des Feudalismus wie in Europa war in England nicht möglich. Die Gründe hierfür waren, dass die Position der Zentralgewalt in England wirtschaftlich stärker war als anderswo. Ein weiterer Grund ist die Knappheit der Menschen durch die Ausbreitung der Pest. Die Knappheit der Arbeitskräfte führte zu Parlamentsgesetzen, welches die Bauern fester an ihren Boden und deren Pflichten bindet. Weiter ist zu erwähnen, dass die Landwirtschaft in erster Linie eine

Ackerwirtschaft war, eine arbeitsintensive Wirtschaft also. Eine besondere Rolle spielte dabei die Schafzucht. Die Nachfrage von Wolle von seitens des Kontinents wächst und da die Schafzucht weniger Arbeitskräfte als die Ackerwirtschaft braucht, dehnte sich die Schafzucht weiter aus. Die Schafzucht wurde in vielen Teilen Englands mit freien Lohnarbeitern betrieben. Gleichzeitig wächst der Ackerertrag durch die bessere Düngung und die edlen Metalle sinken an Wert. In England wird das Land geraubt, um die kapitalistische erarbeitete Rente zu erhöhen. Dafür ist jedes Mittel recht. Ein weiteres Momentum, was den Übergang zu neuen Produktionsformen erleichtert, ist der Krieg. Mit der Niederlage Englands bekommen die feudalen Mächte den Rest. Zu allem kommt dann das gegenseitige Ausrotten des englischen Feudaladels hinzu, wo am Ende etwas mehr als zwei Dutzend Familien überlebten. Die Kinder dieser Familien vertraten die moralische Auflösung dieser Kerntruppe feudaler Herrschaft, welches eine Folge des Krieges war. Sie waren Menschen mit neuem Verständnis, die nicht in die alten feudalen Traditionen hineingeboren waren. Die großen Feldkriege hatten den alten Feudaladel verschlungen. Diese Entwicklung brachte eine weitere Veränderung in den Verhältnissen. Es gab gewaltige Eigentumsverschiebungen durch die englische Reformation. Man ging hier besonders an die Eigentumsverhältnisse der Kirche heran. Die Kirche zog durch ihren Zehnten, ihrer Finanzgewalt und ihren ausgedehnten Grundbesitz das Geld aus den Ländern. Diesen Entgang des Mehrprodukts wollte man nicht mehr hinnehmen. Ohne eine Entschädigung, wurden in England durch Heinrich VIII. zahlreiche römisch-katholische Großgrundbesitzer sowie die zum Papst haltenden Klöster und Kirschgemeinschaften enteignet. Dieser Grundbesitz wurde unter den Günstlingen des Königs und den großen Bürgern (spekulative Pächter) bis hin zum niederen Adel aufgeteilt. Der König selber reservierte für sich selbst große Gebiete. Dieser gewaltige Übergang von Bodenbesitz aus feudalistische in kapitalistische Hände zog den landwirtschaftlichen tätigen Menschen den Boden unter den Füßen weg.

Dies brachte England im sechzehnten Jahrhundert eine landwirtschaftliche Revolution von oben. Das war der Unterschied zu Deutschland, denn hier waren es die gleichen Großgrundbesitzer wie zuvor. In England waren es aber neue Großgrundbesitzer, die ihren Grund und Boden durch die Vertreibung des alten feudalen Adels erworben hatte. Nun wirken sich solche revolutionären Vorgänge in der Landwirtschaft auch auf die Industrie aus. Die Entwicklung der kapitalistischen Industrie in England und auf dem Kontinent war zwar nicht verschieden, nur die Zusammensetzung der sogenannten Großkapitalisten in der Industrie waren andere. In England stand eine weitaus größere Zahl an freien Landarbeitern für industrielle Zwecke zur Verfügung als auf dem Kontinent. Bürgerliche und niederadelige Kreise wurden zu Großgrundbesitzern mit kapitalistischen Produktionsmethoden und verkörperten eine bürgerliche Ideologie. In der Landwirtschaft war ein beachtlicher Teil der Produktion der Wolle gewidmet. Dies gab die Möglichkeit einer engen Verbindung von kapitalistischer Landwirtschaft und Industrie. Das gab es auf dem Kontinent nicht. Dazu kommt, dass die jüngeren Söhne von diesen Großgrundbesitzern in die Städte zogen, um dort mit Gewerben, die nichts mit der Landwirtschaft zu tun hatten, Profite zu machen. Die kapitalistische Verflechtung von Stadt und Land war deshalb in England viel enger als auf dem Kontinent. Trotz dieser kapitalistischen Produktionsmethoden hatten die Zünfte trotzdem noch eine durchaus ins Gewicht fallende Macht. Durch diese Zünfte erreichte die Unfreiheit der Stadt ein Ausmaß, wo der Bauer auf dem Land sogar freier war. Dies schaffte in der Stadt eine gewisse Gewerbeunfreiheit. Die Stadt ging so weit, das vom Feudalismus befreite Land wieder zurückzuerobern. Damit wurden Monopole eingeführt. Man weitet den Gedanken der Gewerbeunfreiheit so weit aus, dass die Produktion aus nur einer Gesellschaft unter Ausschaltung jeder Konkurrenz im ganzen Land vor sich geht. Das Monopol ist das gemeinsame Produkt von königlicher und zünftlerischer Reaktion. Die Könige zeigten nur Interesse an den Monopolen wegen ihrer

Beteiligung an den großen Profiten. Die Monopolisten waren vielfach Hofleute und reiche Bürger der Stadt London. Die einzige kapitalistische Insel in der feudalen Welt stellte England dar. Da war es nicht verwunderlich, dass die herrschenden Kollegen auf dem Kontinent ihresgleichen in England aufsuchten, um England wieder zum Feudalismus zurückkehren zu lassen. So etwas begrüßten natürlich auch die führenden Funktionäre der katholischen Kirche. Aber die ganze Stärke des Kapitalismus zeigte sich in England in den demokratischen Einrichtungen des Landes, dem Parlament und in der Provinzialverwaltung. Damit kommt es zur Auseinandersetzung zwischen Krone und dem Parlament. Da wo sich die Krone durchsetzen konnte, wird diktatorisch regiert. Das wiederum fördert den Widerstand der kapitalistischen Kräfte. Das sind einmal die neureichen Großgrundbesitzer, die befürchten müssen, alles, was Sie gekauft haben, wieder hergeben zu müssen. Den zahlreichen Großbauern und Kleinherren, die nicht wieder in ein Abhängigkeitsverhältnis kommen wollen, um das angeeignete Mehrprodukt mit den feudalen Großherren teilen zu müssen. Die englische Revolution 1640 unter Cromwell ist nicht die Ursache, dass der Kapitalismus zur Macht kommt. Es ist die endgültige Niederlage des Feudalismus, welches zur Sicherung des Kapitalismus dienen soll, d. h. das es zwar keinen Wechsel des Systems bringt, aber das neue System sichert. Genau das gibt England einen Vorsprung von mehreren Hundert Jahren gegenüber dem Kontinent. Diese Entwicklung wird von der bürgerlichen Seite heute verkannt. Es wird ihr einen anderen Sinn gegeben, als es in Wirklichkeit hatte. Sie sind der Meinung, dass das feudale System damit beseitigt wurde und das kapitalistische System dadurch zur Macht gekommen ist. Schaut man sich die herrschenden Schichten unter Elisabeth an wie die Adelsgeschlechter der großen Herren der Cecils, Walsinghams u. a., erkennen wir, dass der Kapitalismus bereits im sechzehnten Jahrhundert zur entscheidenden Wirtschaftsmethode geworden war und die neuen Kapitalisten auch schon die politische Macht erworben hatten. Betrachtet man dann auch noch die wachsende Zahl von Feudalen unter den Stuarts, wo wir wieder eine wachsende Zahl von Feudalen in mächtigen Positionen vorfinden, sieht man wieder eine wachsende Macht der Reaktion. Dass der Kapitalismus sich hier durchsetzen konnte, zeigt, wie stark er zu dieser Zeit schon geworden war. Die kapitalistische Produktionsmethode gab es also schon vor der Revolution. Es ging um die Ausmerzung feudaler Überreste. Der Großgrundbesitzer im sechzehnten Jahrhundert war ein Bürgerlicher, der nicht von feudalen Einkommensquellen lebte. Die englische Revolution von 1640 war ein Zurückschlagen der feudalen Reaktion, die in ganz Europa siegte. Die Industrie entwickelte sich danach weiter, zwar nicht rapide, aber stetig. Die Textil- und Wollindustrie hatte eine hervorragende Stellung. Es entwickelte sich die Manufaktur, welches eine Zusammenlegung mehrerer Handwerker beziehungsweise eine Ausdehnung der Werkstatt zu einem großen Arbeitsraum darstellte. Die Rationalisierung und Spezialisierung führt zu einer Erhöhung der Arbeitsleistung und zu einer Verbilligung der Produktion. Das englische Kolonialreich wuchs seit dem sechzehnten Jahrhundert weiter. Rohstoffe und Lebensmittel kamen billig nach England. Die englische Flotte sicherte dem Land ein Handelsmonopol in der ganzen Welt. Die Kolonien durften die für die gewerbliche Produktion notwendigen Rohstoffe nur nach England ausführen. Fertigwaren durften nur aus England eingeführt werden. Es sollten auch nur englische Schiffe für den Verkehr benutzt werden. Die englischen Kapitalisten lebten von der Aneignung von Mehrwert aus allen Gebieten der Welt. Das war zu dieser Zeit die Monopolstellung überhaupt.

12. Vorlesung (Seite 183 - 197)

Vom Frühkapitalismus über den niedergehenden Feudalismus zur Revolution von 1789 in Frankreich

Der Frühkapitalismus entwickelte sich in Frankreich etwas eher als in England. Vor allem in den Hafenstädten, in Paris und einigen Städten des Binnenlandes. Im dreizehnten Jahrhundert finden wir weite Gebiete, wo die Bauern, abgesehen von Geldleistungen frei sind. Im fünfzehnten Jahrhundert waren die meisten Bauern in Nord- und Westfrankreich frei. In Ost- und Mittelfrankreich waren sie dagegen noch Leibeigenen oder hörig. Diese Bauernbefreiung und Entwicklung einer frühkapitalistischen Wirtschaft in den Städten lässt das werden eines Nationalstaates mit einer bedeutenden Verstärkung der zentralen Gewalt entstehen. Wie überall, so auch in Frankreich, war die Landwirtschaft der wichtigste Wirtschaftszweig. Während es in England gewaltige Veränderungen gab, herrschten in Frankreich die Feudalherren und die mächtige Kirche weiter. Die Eigentumsverhältnisse blieben unverändert. Für die frühkapitalistischen Kreise auf dem Land gab es deshalb keine große Möglichkeit, ihre neuen Produktionsmethoden hineinzutragen. Im siebzehnten und achtzehnten Jahrhundert wuchsen die Geldbedürfnisse von Staat und Feudalherren gewaltig an. Damit stiegen die feudalen Lasten. Da durch die immer weitere Erhöhung dieser Lasten das Interesse zur Steigerung des Mehrprodukts erlischt, werden immer weiter die Lasten erhöht, um die Mehrproduktaneignung stabil zu halten. Die Produktionsmethoden erschienen gegenüber England äußerst primitiv. Es wurde noch mit Spitzhacke und Spaten statt eines Pfluges gearbeitet. Die landwirtschaftlichen Erträge sanken durch die Dreifelderwirtschaft. Dem Vieh wurde damit das Futtermittel entzogen, was eine schlechte Düngung zur Folge hatte. Eine Erkenntnis aus dieser Entwicklung ist, dass bei aller Wichtigkeit des technischen Standes auch andere Faktoren eine nicht mindere Rolle spielten. Der Grad der Freiheit und die Intensität der Ausbeutung oder Ausplünderung bestimmen auch letztendlich den Ertrag. Die Bewegung der Freiheit der Bauern hörte nach dem sechzehnten Jahrhundert auf. Ost- und Mittelfrankreich blieben unfrei. Die Unterdrückung der Bauern steigerte sich erneut und ging in dreierlei Weise vor sich. Die Feudalherren raubten zunehmend das Gemeindeland. Für die armen Bauern wurde die Viehhaltung dadurch unmöglich gemacht. Für die Mittleren war es erschwert. Damit blieb auch die Ertragsfähigkeit des

Bodens zurück, der durch die Düngung nicht mehr in diesem notwendigen Maße gegeben war. Was die Feudalrechte betraf, die bis zum achtzehnten Jahrhundert kaum erweitert worden waren, versuchten die Feudalherren sich durch Akten zu wälzen, um ihre alten Rechte wieder aufleben zu lassen. Doch das war von mäßigem Erfolg gekrönt, da die Bauern größtenteils vollkommen verarmt waren. Im siebzehnten Jahrhundert wurde dann allmählich die Gesamthaftung der Bauern auf dem gesamten Grundbesitzkomplex eingeführt. Wenn also einige Bauern vom Tod durch Hunger und Flucht nicht mehr vorhanden waren, mussten die restlichen Bauern die Lasten der anderen mit übernehmen. Nun kam aber noch eine neue zusätzliche Belastung für die Bauern hinzu, die sogenannten gelegentlichen Belastungen, die ihnen immer öfter und willkürlich auferlegt worden waren. Dies betraf den Straßenbau, die Schlossreparaturen, das Anlegen von Gärten und Teichen und andere Aktivitäten. Dies raubte wiederum den Bauern die Zeit, um ihren Boden ordentlich zu bearbeiten. Zuletzt kam dann noch die Belastung der Bauern durch Abgaben an den Staat. Betrachtet man den Niedergang der feudalen Landwirtschaft mit der antiken, sind eine ganze Menge verwandte Charakterzüge zu entdecken.

1. Allgemeiner Niedergang des Ertrages.
2. Resultieren aus zunehmender Produktionsunlust durch Raub des Arbeitsprodukts.
3. Absinken des technischen Niveaus.
4. Zunehmende Unfreiheit der Produzierenden.
5. Zunehmende Belastung zugunsten einer Oberschicht.
6. Zunehmende Willkür des Regimes.

Was nicht in der Antike zu finden war, ist die Entwicklung einer Nationalwirtschaft. Damit entstand ein System von wirtschaftlichem Denken und Handeln. Es entstand der Merkantilismus, der eine Volkswirtschaftslehre darstellt. Es entwickelt sich ein Nationalstaat, der eng mit der Entwicklung des bestehenden Frühkapitalismus verbunden war. Er ist aber selbst kein Teil des Kapitalismus. Der

Nationalstaat ist das Produkt des Kampfes der Zentralgewalt um die Oberherrschaft (Suprematie) mit dem Ergebnis eines Staatswirtschaftssystems welches auf ein zentrales Steuersystem beruht. Schauen wir uns den Inhalt der merkantilistischen Politik an. Hauptmittel, um ein Land zu bereichern, ist der Handel. Damit dieser den größten Reichtum bringt, muss er staatlich gelenkt und gefördert werden. Diesen angesammelten Reichtum im Land durch den Handel muss steuerlich erfasst werden, damit der Handel weiter gefördert werden kann. Dazu ist der Staat notwendig. Die Hauptquellen der Waren sind die Landwirtschaft, die Manufaktur und andere Gewerbe, die ausgeführt werden. Auf welcher Weise produziert wird, in feudaler oder kapitalistischer Weise, interessiert den Merkantilismus nicht. Es ist eine Handelslehre, die als zwischengesellschaftlicher Wirtschaftszweig fungieren kann. Sie ist kein integrierender Teil eines bestimmten Systems. Diese Tatsache erklärt, dass das merkantilistische System gleichzeitig im kapitalistischen England und im feudalen Frankreich zur Blüte kam. Das setzt aber wieder die Ablösung der Stadtwirtschaft durch die Staatswirtschaft voraus. Aber auch die Zentralisierung der politischen und wirtschaftlichen Gewalt ist in einem feudalen wie in einem kapitalistischen System möglich. Genau so war es ja auch möglich, dass es eine Verstaatlichung im Monopolkapitalismus und Sozialismus gab. Anstoß für den Merkantilismus gab der Welthandel, der Handel mit kolonialen Produkten. Was die Kolonien betrifft, unterschieden sich England und Frankreich kaum. Auch die produzierenden Waren im eigenen Land wurden beachtet, welches die besondere Pflege der Industrie und der Manufaktur des Merkantilismus erklärt. Schaut man sich die Manufakturentwicklung in England und Frankreich an (z. B. Bergbau u. Eisenindustrie) erkennt man nicht nur große Unterschiede, sondern auch Ähnlichkeiten. In Frankreich spielte die Verstaatlichung dieser Industrie eine weitaus größere Rolle als in England. Die Produktionssteigerung ist bei beiden stark. Bei dem einen auf diesem Gebiet mehr bei dem anderen wieder auf jenem Gebiet. Grundsätzlich verschieden sind die Produktionsmethoden. In England wird die Manufaktur kapitalistisch betrieben und der Manufakturarbeiter ist relativ frei. In Frankreich werden die Manufakturen zum großen Teil feudal betrieben und der Manufakturarbeiter ist an den Betrieb gebunden, wo sein Leben streng geregelt ist. Wie kam es aber nun zur Französischen Revolution im Jahre 1789? Die tragende Kraft in dieser Revolution waren das Bürgertum und die Bauern. Federführend von beiden war das Bürgertum. Das Bürgertum wurde zum „Dritten Stand" gezählt, ein minderer Stand, der sich gesellschaftlich und wirtschaftlich betroffen fühlte. Dazu kommt die Ausplünderung des Bürgertums durch die Feudalherren, welche als eine unberechtigte Belastung empfunden wurde. Die Basis der herrschenden Klasse war die Landwirtschaft, wo die Erträge zurückgingen. Die starke Entwicklung des Handels und der Luxusmanufaktur steigerte die Geldbedürfnisse der feudalen Herren ins maßlose. Der Luxus am Hofe verschlang große Summen. Zudem kam noch die Größe der Kriegsausgaben. Umso größer die Kluft zwischen den feudalen Einnahmen aus der Landwirtschaft und den Ausgaben der Feudalherren wurde, desto größer wurde die Aneignung vom bürgerlichen Mehrprodukt auf dem Staatssteuerweg. Der Feudalismus in Frankreich war innerlich geschwächt und faul. Deshalb war der Sieg der Revolution ein so schneller.

13. Vorlesung (Seite 198 - 212)

Die deutsche Misere von 1525 bis 1806

Kein Land in Europa hatte in dieser Zeit so viel Leid und Kriege miterlebt wie Deutschland. Auch in Deutschland setzte sich der Feudalismus wie in Frankreich voll in der Landwirtschaft durch. Was allerdings noch schärfer war als in Frankreich, war die Gutsherrenschaft. Sie stellte den Höhepunkt feudaler Bauernunterdrückung dar. Der Einbau des Bauern in das junkerliche Wirtschaftsleben war hier am stärksten. Der Bauer musste Frondienste leisten. Der Feudalismus setzte sich durch, sodass auch viele deutsche Städte, was den Handel betrifft, dem Niedergang geweiht waren.

Demzufolge konnte sich auch der Handel, welcher der Förderer der kapitalistischen Produktionsweise ist, nicht durchsetzen. Ein weiterer Umstand der den Feudalismus in Deutschland begünstigte, ist der Sieg der regionalen Feudalherren über die Zentralgewalt. Im Gegensatz zu England und Frankreich, wo unter kapitalistischen und feudalistischen Wirtschaftsbedingungen sich ein nationaler Staat entwickelte, wird die Zentralgewalt in Deutschland immer schwächer. Die Macht der kaiserlichen Regierung sank immer mehr und die großen Landherren und die Feudalherren wurden immer stärker. Die Städte kamen damit in die Gewalt der regionalen Feudalherren, die die Städte in ihr Steuersystem eingliederten. Damit wird der Gegensatz, der sich zwischen Stadt und Land entwickelt hat, aufgehoben. In England wird der Gegensatz zwar auch aufgehoben, aber dadurch, dass die Industrie aufs Land hinaus wandert. Der sich damals entwickelte Frühkapitalismus wurde durch die Schrumpfung des Handels seine wichtigste Grundlage gegen den Feudalismus entzogen. Der Dreißigjährige Krieg brachte Deutschland einen unermesslichen Schaden. Tot, Bevölkerungsminimierung und Raub der Ernten brachte viele Teile des Landes zum Erliegen. Die Niedergangserscheinungen des Feudalismus wurden dadurch intensiviert. Die gewerbliche Produktion in Deutschland spielte im achtzehnten Jahrhundert eine geringere Rolle als im fünfzehnten Jahrhundert. Mehr als vier Fünftel lebten von der landwirtschaftlichen Produktion.

14. Vorlesung (Seite 213 - 226)

Die industrielle Revolution

Die industrielle Revolution ist der Übergang zur Fabrikproduktion, d. h. zum industriellen Kapitalismus. Dies geschah in der Zeit von 1750 bis 1850. Entsprechend den verschiedenen Verhältnissen verlief die industrielle Revolution in ungleichen Formen ab. In England wurden die Voraussetzungen für die industrielle Revolution allmählich geschaffen. Durch den Manufakturbetrieb war der Schritt zur Fabrik relativ leicht, da er schon kapitalistisch produzierte und die Maschinen bestens eingebunden werden konnten. Langsam steigerte sich stetig das Tempo der Produktion. Einmal durch die schnellere Ausbreitung der Manufaktur und zum anderen durch die bessere durchgearbeitete Kooperation und Arbeitsteilung. Später wurde das Tempo der Produktion durch die Einführung der Dampfmaschine und der Textilmaschine weiter erhöht. Überall in der Wirtschaft findet man eine außerordentliche Belebung der Produktivkräfte. In der Landwirtschaft gibt es bei der Viehzucht und im Ackerbau Fortschritte. Etwas schwieriger zeigte sich die Entwicklung in der Industrie. Zwar wurde die Manufaktur weiter ausgedehnt, aber es gab durch die Verschiedenheit der Produktionsprogramme in den einzelnen Industriezweigen eine ungleichmäßige Erweiterung der Produktion. In der Woll- und Baumwollindustrie hinkten die Spinner den Webern hinterher. Das Webverfahren verbesserte sich enorm durch die Maschinen. Damit stieg die Produktivität in der Weberei. Das ging so rasch, dass bald auf einen Weber 8 bis 10 Spinner kamen. Es mussten also Maschinen in der Spinnerei Einzug halten. In England gab es freie Lohnarbeiter, denen man Maschinen anvertrauen konnte. Damit gab es ein lebhaftes Interesse für Erfindungen und die praktische Anwendung von Maschinen. Im feudalen Frankreich und in Deutschland war diese Entwicklung noch nicht vorzufinden. Und so ging der Wettlauf los. Es wurde die Spinnmaschine erfunden, die wiederum die Produktivität des Spinners stark ansteigen lässt. Nun gerieten die Weber ins Hintertreffen. Ein mechanischer Webstuhl musste her, bis ein annäherndes Gleichgewicht in der Textilindustrie hergestellt worden war. Aber noch ein zweiter kapitalistischer Industriezweig zeigte einen großen Fortschritt, der Bergbau. Auf ihn geht die Erfindung der Dampfmaschine zurück. Hier ging es allerdings nicht darum, die Produktivität zu steigern, sondern um sich vor dem Wasserzudrang retten zu können. Dann kam noch ein dritter wichtiger technischer Fortschritt hinzu, die gewerbliche Produktion. Hier ist die Eisenindustrie zu nennen. Man ging über von Holz auf die Verwendung von Steinkohle. Es wurde ein

Verfahren entwickelt, was Eisen schmelzen lassen kann und die Weiterverarbeitung des Roheisens zu Stabeisen mittels der Steinkohle. Diese drei Erfindungen leiteten die industrielle Revolution ein. In den meisten anderen Industrien ist der technische Fortschritt gering, da die Produktion noch vielfach auf Handarbeit beruhte. Doch diese industrielle Revolution brachte in England eine Verelendung einzelner Bevölkerungsschichten. Durch die Konkurrenz der Maschinen wurden viele ihres Broterwerbs beraubt. Der enorme Bedarf an Arbeitern, vor allem in der fabrikmäßig betriebenen Textilindustrie, lässt die Werktätigen in die Städte ziehen. Die Wohnverhältnisse verschlechterten sich zusehends. Die Landwirtschaft ist nicht mehr in der Lage, dem Bevölkerungswachstum gerecht zu werden, da man sich immer mehr auf die gewerbliche Arbeit konzentrierte. Durch die enorm gestiegenen Möglichkeiten der Verwertung des Mehrprodukts, welches jetzt der Mehrwert ist, tritt durch die Profitgier eine fürchterliche Ausbeutung zutage. In Frankreich liegen die Verhältnisse anders, denn bis 1789 herrscht dort uneingeschränkt der Feudalismus. Sicherlich gab es so manche Elemente der kapitalistischen Produktionsweise. Das heißt hier und da werden Maschinen eingeführt und auch schon freie Arbeiter, aber diese einzelnen Elemente verbinden sich nicht zu einem wirtschaftlichen Ganzen. Die Frage ist, wer sich gegen die bestehenden gesellschaftlichen Verhältnisse erhebt. Die französischen Bauern haben nichts zu verlieren, da sie auch nichts besitzen. Das Bürgertum dagegen hat schon eine ganze Menge zu verlieren. Denn wer lebt von wem? Als die Revolution da war, breitete sich die kapitalistische Produktion ruckartig und schnell aus. Hier begann auch die industrielle Revolution. Vieles wird jetzt kapitalistisch betrieben. Die Produktions- und Produktivleistungen steigern sich in der Landwirtschaft und ganz besonders in der Industrie. Der Gesamtwert der industriellen Produktion belief sich im Jahre 1780 auf rund drei Milliarden Mark, im Jahre 1800 waren es schon vier Milliarden Mark und 1820 ging es auf viereinhalb Milliarden Mark rauf. Die wirtschaftliche Entwicklung im Vergleich zu den vorangegangenen Zeiten ging nach der Revolution schnell vor sich. Trotzdem blieb Frankreich ein landwirtschaftlich orientiertes Land. Die große Fabrikindustrie begann erst 1830 eine Rolle zu spielen. In Deutschland fand man die Entwicklung etwas zugespitzter vor als in den anderen Ländern. Eine Manufaktur kann feudal betrieben werden, aber trotzdem trägt sie mit dem neuen Arbeitsprozess der starken Arbeitsteilung antifeudale Züge. Je stärker aber der Feudalismus war, umso schwieriger war es für die Entwicklung der Manufaktur. Schauen wir uns das am Beispiel Preußens unter Friedrich II. an. Friedrich II. hatte versucht, die Verhältnisse in Frankreich in seinen Preußen, vor allem in Schlesien zu übertragen. Dass man Manufakturen nicht einfach von außen als eigenen Maßstab nehmen kann, ist daran zu sehen, dass viele Unternehmer die Prämien und Subsidien einsteckten, aber kein Unternehmen gründeten. Andere weigerten sich überhaupt die Unterstützung anzunehmen. Diejenigen, die wirklich gegründet worden waren, gingen zum größten Teil bald wieder ein. Manche produzierten, konnten aber nur einen Bruchteil der Waren verkaufen. In den Lagerhäusern häufte sich einiges. Das feudale Preußen brachte es nicht fertig, wenigstens französische Zustände zu erreichen. Als aber dann die Herrschaft des Feudalismus durch die französische revolutionäre Armee zusammenbricht, änderte sich die Situation grundlegend. Leibeigenschaft und Hörigentum werden nach den Niederlagen von 1806/1807 abgeschafft. Damit sind die Bauern frei und können in die Industrie abwandern. Die Junker sind nun gezwungen, mit freien Arbeitern, die nicht an Gutsherren oder Scholle gebunden sind, kapitalistisch zu arbeiten. Nun finden auch die landwirtschaftlichen Entwicklungen des englischen Kapitals in Deutschland Zugang. Die Zünfte wurden teilweise aufgehoben und eine gute Zoll- und Handelspolitik ermöglicht nun einen Aufschwung der industriellen Tätigkeit in Preußen. Die Bergbauproduktion stieg, die Metallindustrie erhöhte sich um das Dreifache, die Steigerung in der Manufaktur und das Herstellen von Konsumgütern waren noch stärker. Die freien Arbeiter im Handwerk, in der

Industrie und im Bergbau verzehnfachen sich in der ersten Hälfte des neunzehnten Jahrhunderts. Das Rheinland und Sachsen entwickeln sich als Industriezentren. Die industrielle Revolution wäre noch schneller vor sich gegangen, wenn Deutschland wirtschaftlich und national unter einem kapitalistischen Bürgertum geeinigt gewesen wäre und der Feudalismus gründlich ausgerottet worden wäre.

15. Vorlesung (Seite 227 - 242)

Die drei Perioden des Industriekapitals

Die erste Periode umfasst die industrielle Revolution und die Festigung des Kapitalismus, der von England über Frankreich nach Deutschland kam. In der zweiten Periode, der Periode der mächtigen Entfaltung des Kapitalismus, sie findet in England, Frankreich, Deutschland und den USA in den Neunzigerjahren ihren Abschluss. Die dritte Periode, die das zwanzigste Jahrhundert bis in die Gegenwart umfasst, ist die des Monopolkapitalismus. Es sollte das letzte Stadium sein, wo die Verfallserscheinungen zunehmen. In dieser letzten Periode wird es vor allem auf das fortschrittliche Bewusstsein der Massen und den objektiven Möglichkeiten ankommen, inwieweit der Reifeprozess fortgeschritten ist. Anfänge einer neuen Gesellschaftsordnung gab es ja schon mit Russland 1917 und der Entwicklung sozialistischer Staaten nach dem Zweiten Weltkrieg. Schauen wir uns diese drei Perioden etwas genauer an. Die erste Periode umfasste die Frühzeit der Fabrikindustrie, wo die Produktionsmethoden noch recht verschiedenartig waren. Die absolut dominierende große Industrie war die Textilindustrie. Ihre Produktion wurde auf zweierlei Weise ausgeweitet. Einmal durch den enormen Fortschritt bei der Einführung von Maschinen und durch die Einstellung von immer mehr Arbeiter, die immer länger am Arbeitstag arbeiten mussten. Die Unternehmer eignen sich Mehrwert an, indem Sie mehr Arbeiter beschäftigen und sie immer länger im Betrieb arbeiten lassen. Ebenfalls werden die Reallöhne gesenkt. Gegen Ende dieser ersten Periode fängt auch eine stärkere Entwicklung in der Schwerindustrie an, die wesentlich durch den Bau von Eisenbahnen gefördert wurde. Die Entwicklung der Schwerindustrie erforderte mehr Kapital als in der Konsumgüterindustrie. Als Vergleich ist die Jenny-Spinnmaschine zu nennen, die so wenig Kapital bedurfte, dass sie auch in der Heimindustrie benutzt werden konnte. Einen Hochofen dagegen konnte man wohl kaum in der Wohnstube aufstellen. Um aber der Schwerindustrie dieses Kapital zuzuführen, brauchte man neue Kapitalsammlungsformen. Die Gründung von Großbanken und die Bildung von AG werden dem gerecht. Diese beiden Einrichtungen sind völlig neu und beginnen an Anzahl und Umfang größer zu werden und geben der Wirtschaft ihren Charakter. Der technische Fortschritt geht immer weiter. Es werden immer bessere Maschinen eingeführt, wo es möglich ist, auch die Produktivität zu steigern. Die Leistung eines einzelnen Arbeiters begann in der Schwerindustrie damit schnell anzusteigen. An diesem Punkt treten wir in die zweite Periode des Industriekapitals. Sie war gekennzeichnet durch eine Intensivierung des Produktionsprozesses. Jedoch ist jetzt die Steigerung der Leistung pro Arbeiter auf die Gesamtindustrie zurückzuführen. Diese Steigerung wurde auf zweierlei Weise erreicht. Einmal fand die Maschine jetzt in immer neueren Industrien Zugang und gleichzeitig wurde sie ständig verbessert. Zum anderen wurde damit die Intensität der Arbeit erhöht. Der Arbeiter musste jetzt mehr Maschinen bedienen. Irgendwann nach dem Beginn der industriellen Revolution waren sich die Unternehmer über die Bedeutung der Steigerung der Arbeitsleistung pro Stunde klar darüber, dass man nicht nur durch technischen Fortschritt mehr herausholen kann, sondern auch durch eine größere Antreiberei des einzelnen Arbeiters pro Stunde. Durch dieses Gehetze begann schon bald die Leistung pro Arbeiter zu sinken. Ermüdung, Erschöpfung und Unmut nahmen nach 14 bis 18 Stunden Arbeit am Tag zu. Das kapitalistische System befand sich jetzt in einer Existenzkrise. Daher gingen die Unternehmer zu neuen Produktions- und Ausbeutungsmethoden über. Sie konzentrierten sich jetzt auf die Erhöhung der Leistung des Einzelnen auf die Arbeit pro Stunde. Damit der Produktionsprozess weiter intensiviert werden konnte, musste man den Arbeitstag verkürzen, damit es dem Arbeiter möglich war, das gesteigerte Tempo durchzuhalten und mehr Leistung zu bringen. Um dies zu gewährleisten, musste er wieder mehr Essen und die Reallöhne wurden dementsprechend angepasst. Um die immer komplizierter werdenden Maschinen zu beherrschen, musste man für eine Schulbildung sorgen, die Rechnen, Schreiben und Lesen vorsah. Damit wird diese zweite Periode des Industriekapitalismus auf eine höhere Stufe gehoben. Alles wird schneller und effektiver und Großbetriebe kommen auf. Die Verflechtung der kapitalistischen Länder miteinander wird immer enger. Durch die Möglichkeit des verkürzten Arbeitstages hat der Arbeiter mehr Zeit für andere Dinge. Damit bringt diese zweite Periode auch bedeutende Fortschritte in der Entwicklung der menschlichen Gesellschaft und Arbeitsorganisationen entstehen. Die dritte Periode des Kapitalismus, welches die Periode des Monopolkapitalismus darstellt, fängt jetzt an, sich in der zweiten Periode zu entwickeln. Er ist allerdings noch nicht stark genug, um ihr den Charakter der Wirtschaft und der Gesellschaft zu geben, aber er wirft seine Schatten voraus. Die ersten Monopole wie Kartelle, Syndikate, Konzerne und Trusts werden gebildet. Die Konzentration der Produktion und die Ausschaltung der Konkurrenz führt zu Verabredungen unter den Unternehmen, die den Preis, die Produktion, Absatzgebiete, Verkaufsbedingungen, Patentaustausch und die Beherrschung von Rohstoffquellen betreffen. Deutschland ist in der dritten Periode am stärksten durchmonopolisiert. Der Kohlebergbau ist im Wesentlichen syndiziert, die Roheisengewinnung ist in der Hauptsache kartellisiert, die Elektroindustrie wird von zwei Konzernen beherrscht und die Eisenbahnen sind in Preußen und Hessen verstaatlicht. In dieser dritten Periode beherrschen nun die Monopole die Wirtschaft und geben der Gesellschaft imperialistischen Charakter. Aus der Schwerindustrie und ihre Verbindung mit den Banken erwächst das Finanzkapital. Unter Finanzkapital versteht man das kombinierte Kapital von Industrie und Banken, wo die gleiche Gruppe von Großkapitalisten gleichzeitig Banken und Industrie beherrschen, indem sie gegenseitig in den Aufsichtsräten sitzen. Da der Prozess der Monopolisierung ständig neues Kapital braucht, um Betriebe aufzukaufen und die Konkurrenz eingeschränkt wird, sitzen in den Banken die Industriekapitalisten und umgekehrt die Banken in der Leitung des Industriewerkes. So können sie beobachten und kontrollieren, ob das Geld in ihrem Sinne verwendet wird. Der Monopolkapitalismus ist gegenüber dem vorhergehenden Industriekapitalismus eine vornehmlich reaktionäre Wirtschaftsform. Nun richten sich Profite im wesentlichen Teil nach der relativen Menge beschäftigter Arbeiter. Daher steigern sich im Monopolkapitalismus die Widersprüche des Kapitalismus ganz enorm. Fixes Kapital wird in den Riesenbetrieben konzentriert. Zugleich versucht man, den Markt zu beherrschen und die Preise hochzuhalten. Damit die Preise hoch bleiben, anstatt nach unten zu gehen, verzichtet man auf die Ausnutzung der Betriebe. Hier entwickelt er eine Tendenz, mehr Kapital zu unterhalten, als es den Beschäftigungsmöglichkeiten entspricht. Das heißt, er erhöht die Ansammlung von Kapital weit über das mit der Produktionssteigerung verbundene Ausmaß. Das führt zu einer verstärkten Senkung der Profitrate. Gleichzeitig dazu entwickelt er aber wiederum eine Tendenz, den technischen Fortschritt und die Steigerung der Produktivität zu hemmen, da er befürchten muss, dass durch neue Erfindungen ein großer Teil seines Maschinenkapitals veraltet und dementsprechend ersetzt werden muss. Und da die Monopole nun die Produktion und den technischen Fortschritt beherrschen, sind Sie in der Lage, die Anwendung der Erfindungen mitzubestimmen oder gegebenenfalls zu unterdrücken. Das hemmt die Steigerung der Produktivität und wirkt gegen den Fall der Profitrate. Als Gegenmittel benutzen die Monopolisten die Auferlegung von Tributen an die übrige Industrie. Sie zwingen sie durch ihre Monopolstellung, dass die Lieferindustrie ihre Rohstoffe zu niedrigeren Preisen als zuvor abzugeben habe und ihre Abnehmerindustrie ihre Monopolprodukte zu Überpreisen abzunehmen hat. Die nicht monopolisierende Industrie versucht nun, diese Tribute aus den Arbeitern herauszuholen und durch höhere Preise die gesamte Käuferschaft an den Tributlasten zu beteiligen. Bei diesem Kampf um den Mehrwert und der Erhöhung der Ausbeutungsrate kommt es zu einer Verschärfung der zyklisch wiederkehrenden Wirtschaftskrisen. Sie wollen die Preise auch während der Krise hochhalten, deshalb senken sie die Produktion. Dass wiederum verschärft die Arbeitslosigkeit. Die Verflechtung der kapitalistischen Länder untereinander wird immer enger. Dies sieht man an der zunehmenden Schnelligkeit der zyklischen Krisen, die sich auf andere Länder ausbreitet. Hinzu kommt, dass die Welt im Großen und Ganzen aufgeteilt ist. Die Monopolisten mit ihren Expansionsbestrebungen und dem Export von Kapital in andere Länder versprechen sich durch Extraausplünderung und Extraausbeutung hohe Extraprofite. Nun stoßen sie dabei auf die Schranken der anderen Herrschaftsbereiche in anderen imperialistischen Ländern. Damit wächst die Kriegsgefahr und die Ausweitung einer nationalen zyklischen Krise zu einer internationalen zyklischen Krise. Da nun die Weltmonopole in zahlreichen Ländern dasselbe Interesse haben, wird aus der laufenden Kriegsgefahr eine Weltkriegsgefahr.

16. Vorlesung (Seite 243 - 257)

Von der Anarchie zur Ordnung der Wirtschaft

Je mehr sich die Wirtschaft entwickelt, desto anarchistischer und ungeordneter wird sie. Das liegt daran, dass die Menschen es nicht verstehen, die Mehrproduktion zu meistern. Warum dürfen sich einige wenige ungestraft die Mehrproduktion von vielen aneignen und sie dann auf den Markt an die Gesellschaft weiterverkaufen? Privater Raub von Mehrleistung, den man dann auch noch gesellschaftlich verhökert, ist ein unmögliches Verfahren. Im Kapitalismus wird die Ausbeutung auf die Spitze getrieben. Dass die Menschen dies nicht begreifen, liegt an den mangelnden Kenntnissen und einem Zurückbleiben des Wissens um die beste gesellschaftliche Verwendung des Mehrprodukts. Schauen wir uns noch einmal die Entwicklung im kurzen Umriss an. Der technische Fortschritt führte dazu, dass Menschen mehr produzieren können, als sie für ihren Lebensunterhalt brauchen. Dies wurde von Einzelnen ausgenutzt, die andere für sich haben arbeiten lassen. Den Arbeitern wurde das gelassen, was er unbedingt zum Leben und zum Weiterarbeiten braucht. Der Rest wird von denjenigen eingesteckt, der die Arbeiter beschäftigt. Das war ein einfacher Prozess, der keinerlei eine wirtschaftliche Komplikation mit sich brachte. Die Komplikationen setzen erst dann ein, wenn man andere für sich so viele Güter einer Art herstellen lässt, dass man diese gar nicht mehr alleine verbrauchen kann und sie als Ware zum Kauf auf den Markt anbietet. Sobald aber die Ware sich im Markt befindet, weiß man nicht, wie viel kann ich davon verkaufen und wie viele Konkurrenten begegnen mir. Es herrscht also Unsicherheit in Bezug auf die Chancen, die Ware verkaufen zu können. Dieses Moment ist für den lokalen Markt noch klein und wächst mit der Größe des Marktes. Damit entwickeln sich im Kapitalismus die regelmäßigen Überproduktionskrisen. Diese Krisen sind sehr gefährlich für die Menschen, da sie bis zum Krieg führen können. Krieg ist der vom Monopolkapital angezettelte Kampf um den Weltmarkt. Es geht um Absatzmärkte durch Eroberung von neuem Land. Kriege und Krisen sind Erscheinungen zur Realisierung von Mehrwert. Ein immer größeres Bestreben nach noch mehr Profitmasse. Dies könnte vermieden werden, wenn die Mehrproduktion so verteilt würde, dass auch alle etwas davon haben. Die Güter, die produziert werden, dienen einmal dem direkten Konsum durch die Menschen und die anderen Güter sind für die Produktion. Diese gehen zwar auch in den Konsum ein, aber nur in indirekter Weise. Mit direktem Konsum ist das Obst, die öffentlichen Bäder, Gebrauchsartikel und andere Sachen gemeint. Die Produktionsmittel aber wie die Fabrikgebäude, die Maschinen und die Rohstoffe, werden demzufolge nur indirekt konsumiert. Wer die Produktionsmittel in der Hand hat, hat die Wirtschaft in der Hand. Das ist die Basis der Widersprüche im Kapitalismus. Auf der einen Seite haben wir die gesellschaftliche Produktion und auf der anderen die private Aneignung. Die private Aneignung dient zur privaten Profitanhäufung, welches von der Gesellschaft produzierenden Mehrwerts geraubt wird. Warum sollte es nicht möglich sein, die menschlichen Wirtschaftsverhältnisse, die Verwendung von Produktionsmitteln und die Arbeitskräfte so zu Ordnen und zu Planen, dass die Resultate der Mehrarbeit auch wirklich allen zugutekommt. Der Einzelne arbeitet für die Gemeinschaft und die Gemeinschaft arbeitet für den Einzelnen. Dies wäre eine sozialistische Wirtschaft. Das heißt, dass nur noch zur Bedarfsdeckung und nicht des Profits wegen produziert wird. Der Widerspruch zwischen Produktion und Aneignung wird damit ausgeschaltet. Der Kapitalismus hat heute noch eine große Lebenskraft und die fortschrittlichen Kräfte sind noch zu schwach, um Veränderungen herbeiführen zu können. Der Kapitalismus wird aber selber Voraussetzungen schaffen, die diesen Widerspruch lösen. Die Bedrohung der Existenz der Menschen nimmt zu, bis hin zum Krieg.

Dialektischer und historischer Materialismus – Lehrbuch, 9. Auflage, Berlin: Dietz Verlag 1981 (Exzerpt)
Historische Formen der Gemeinschaft von Menschen
Die Nation - Entwicklungsform des gesellschaftlichen Lebens

(Seite 351)

Durch die materielle Produktion entstehen und entwickeln sich historisch-konkrete Formen (z. B. Gens, Stamm, Völkerschaft und die kapitalistische Nation) des gesellschaftlichen Zusammenlebens der Menschen. In all diesen Formen bildet das Soziale (gesell. Verhältnisse unter dem Privateigentum an Produktionsmitteln) und Ethnische (Sprache, Sitten, Gebräuche usw.) eine Einheit. Die Produktionsweise der materiellen Güter bestimmt den sozialen Inhalt der jeweiligen Gesellschaftsform, die seit der Auflösung der Urgesellschaft vom Kampf der Klassen geprägt ist. Ändert sich die Produktionsweise, ändert sich auch der gesellschaftliche Maßstab der Produktion. Die Veränderungen in der Produktionsweise sind entscheidend für die Ablösung alter Formen. Damit ändern sich auch die ethnischen Merkmale der Gemeinschaft von Menschen.

Vorkapitalistische Formen der Gemeinschaft von Menschen
Gens und Stamm (Seite 351 - 352)

Die Gens war die erste historische Form der Gemeinschaft von Menschen, welche die Übergangsetappe vom Tierzustand zur menschlichen Gesellschaft ablöste. Die blutsverwandtschaftliche Beziehung prägte diese Form der Gemeinschaft. Sie ist nicht aus biologischen Ursachen entstanden, sondern durch die urgesellschaftliche Produktionsweise. Das gemeinsame Eigentum an Produktionsmitteln war die ökonomische Grundlage kollektiver Arbeit und gemeinsamen Interessen. Eine solche Gemeinschaft, die sich nach dem Prinzip der gemeinsamen Abstammung formte, besitzt eine eigene Sprache, hat gemeinsame Bräuche, gemeinsame religiöse Vorstellungen und Formen des Kultes. Durch den Aufschwung der damaligen Produktionskräfte kam es zu einem engeren Zusammenschluss der Gentes. Ihre Beziehungen zueinander festigten sich, sodass sich im Laufe der Zeit ein Stamm entwickelte. Es war eine umfassendere Form der sozial-ethnischen Gemeinschaft von Menschen. Ein Zusammenschluss mehrerer Gentes, welches auf ein kollektives Eigentum an Produktionsmitteln beruhte. Ihr gemeinsames Merkmal aber blieb die Abstammung. Jeder dieser Stämme besaß sein eigenes Territorium, welches das Siedlungsgebiet und das Gebiet des Jagens und des Fischfangs umfasste. Es besaß einen eigenen Namen und hatte einen eigenen Dialekt.

Die Völkerschaft (Seite 352 - 354)

Durch die Entstehung des Privateigentums an Produktionsmitteln und der damit verbundenen Herausbildung feindlicher Klassen zersetzten sich allmählich die Gentes und Stämme. Es bildete sich eine neue ethnische Gemeinschaft von Menschen heraus, die Völkerschaft. Diese ist charakteristisch für die Sklaverei und den Feudalismus. Beide Gesellschaftsformationen werden vom Privateigentum an Produktionsmitteln bestimmt. Dennoch gab es Unterschiede im Klasseninhalt und in anderen Momenten. Zur Völkerschaft in der Sklaverei zählten die freien Bürger, aber nicht die Sklaven. Im Feudalismus umfasste die Völkerschaft die arbeitende Bevölkerung, die Bauern und die Handwerker. Die herrschende Feudalklasse gehörte aufgrund einer anderen ethnischen Herkunft nicht unbedingt dazu. In dieser Zeit spielten die territorialen Beziehungen eine wichtige Rolle, da die Einteilung der Bevölkerung nach dem Territorialprinzip bestand.

Die kapitalistische Nation und die nationalen Beziehungen im Kapitalismus

Entstehungsursachen und Merkmale der kapitalistischen Nation (Seite 354 - 358)

Die Herausbildung der kapitalistischen Produktionsweise löste die Völkerschaften auf, die bedingt war durch eine qualitativ neue, umfassendere Form des Zusammenlebens von Menschen. Diese neue Form war die kapitalistische Nation. Ihre Herausbildung ist primär in den ökonomischen, also materiellen Ursachen zu suchen. Durch die fortschreitende Vergesellschaftung der Produktion kann sich die kapitalistische Produktionsweise entfalten. Die Anzahl der besonderen Produktionszweige vergrößert sich, ihre wechselseitige Abhängigkeit verstärkt sich zu einer Verschmelzung eines einzigen gesellschaftlichen Produktionsprozesses. Die ökonomische und die politische Zersplitterung wird überwunden durch den Zusammenschluss von vielen kleinen örtlichen Märkten zu einen großen inneren Markt. Die Gemeinsamkeit des Wirtschaftslebens ist das wesentliche Merkmal der kapitalistischen Nation, da ein innerer Markt den ökonomischen Zusammenschluss von Menschen bewirkt. Es ist ein geschlossenes Territorium, welches die Nation ausmacht, mit einer gemeinsamen Sprache und einem nationalen Selbstbewusstsein. Das nationale Selbstbewusstsein ist eine aktive Kraft im Entwicklungsprozess einer Nation und besitzt Klassencharakter. Staat und Nation sind allerdings nicht identisch. Die ökonomische, politische und ideologische Herrschaft des Kapitals ist über die der Nation geprägt. Das Kapital sieht sich wie die heutige Politik im gesamtnationalen Maßstab. Nun formiert sich daraus keine gesamtnationale homogene Gemeinschaft, sondern Klassen, die ihre eigenen Interessen verfolgen. Die einen sind an der Verwertung des Kapitals interessiert und fordern deshalb günstige internationale Bedingungen, die in ihrer Ideologie zum Ausdruck kommt, und die anderen müssen immer mehr um ihre Rechte kämpfen. Es ist der Imperialismus, wo es nicht mehr um die Zugehörigkeit einer Nation geht, sondern um ein bestimmtes Klasseninteresse. Die bürgerliche Auffassung über die Nation wird mit Worten wie „nationaler Wille", „nationale Idee", „gemeinsamer Wille" bis hin zur „nationalen Kultur" ins Volk hineingetragen, um die Klassengegensätze zu verwischen. Würde wirklich ein „nationaler Wille" existieren, so wäre dieser Wille zur nationalen Selbstbestimmung allgegenwärtige Praxis.

Die zwei historischen Tendenzen in der nationalen Frage

(Seite 358 - 359)

Mit der Herausbildung der kapitalistischen Nation entsteht die nationale Frage, die zwei historische Tendenzen aufweist. Die erste ist das Erwachen des nationalen Lebens, der Kampf gegen jede nationale Unterdrückung und die Herausbildung von Nationalstaaten. Die Zweite ist die Entwicklung der verschiedenartigen Beziehungen zwischen den Nationen. Nationale Schranken fallen weg, Herausbildung einer internationalen Einheit des Kapitals, des Wirtschaftslebens, der Politik usw. Diese beiden Tendenzen entspringen letztlich aus der Entwicklung der Produktivkräfte. Die Jagd nach Profit und der Konkurrenzkampf zwischen den Kapitalisten treibt das Kapital über die nationalen Grenzen hinaus. Die kapitalistische Produktionsweise entwickelt sich und führt zu einer internationalen Arbeitsteilung. Es entwickelt sich eine kapitalistische Weltwirtschaft, die speziell ihren Ausdruck im kapitalistischen Weltmarkt findet. Diese Internationalisierung des gesamten wirtschaftlichen, politischen und geistigen Lebens lässt die nationale Abgeschlossenheit absterben und bringt die Nationen durch die internationale Arbeitsteilung in ein gegenseitiges Abhängigkeitsverhältnis. Es ist ein Prozess im Kapitalismus, der zur Ausbeutung von Völkern führt und Kriege heraufbeschwört.

Materielle Produktion

↓

Entstehung und Entwicklung von konkret historischen Formen des gesell. Zusammenlebens
(Gens, Stamm, Völkerschaft, kapitalistische Nation)

↓

In all diesen Formen bildet das soziale und ethnische eine Einheit

Die Produktionsweise (PW) materieller Güter

↓

bestimmt den sozialen Inhalt der jeweiligen Gesellschaftsformation

Ändert sich die PW = Ändert sich der gesellschaftliche Maßstab der Produktion

→ Damit ändern sich auch die ethnischen Merkmale der Gemeinschaft der Menschen.

Gens

- Erste historische Form der Gemeinschaft von Menschen (Blutsverwandtschaft).
  Entstanden aus der urgesellschaftlichen Poduktionsweise.
- Gemeinsames Eigentum = ökonomische Grundlage kollektiver Arbeit und bildet gemeinsame Interessen.
- Aufschwung der Produktivkräfte (PK) fördert den Zusammenschluss der Gentes, welches auf ein kollektives Eigentum an Produktionsmitteln beruhte.
- Gemeinsames Merkmal ist ihre Abstammung, Sprache, Sitten, Bräuche usw.

Völkerschaft

- Zersetzung der Gentes und der Stämme durch die Entstehung des Privateigentums an PM und der Herausbildung feindlicher Klassen.
- Bildung einer neuen ethnischen Gemeinschaft von Menschen.
- Typisch dafür ist die Sklaverei und der Feudalismus.

Kapitalistische Nation

- Die kapitalistische Produktionsweise ist eine neue umfassende Form des Zusammenlebens der Menschen und löst die Völkerschaften auf.
- Entfaltung der kapitalistischen Produktionsweise durch die Vergesellschaftung der Produktion.
- Vergrößerung der Anzahl der Produktionszweige bringt eine Verstärkung ihrer wechselseitigen Abhängigkeit und eine Verschmelzung in einem einzigen gesell. Arbeitsprozess.
- Viele kleine Märkte werden zu einen großen inneren Markt.
- Der innere Markt bewirkt den ökonomischen Zusammenschluss von Menschen. (Gemeinsamkeit des Wirtschaftslebens)
- Besitzt ein geschlossenes Territorium, hat eine gemeinsame Sprache und ein nationales Selbstbewusstsein.
- Staat und Nation sind nicht identisch, da die Politik, die Ökonomie und die Ideologie der herrschenden Klasse über die Nation gestülpt wird. Deshalb formiert sich keine gesamtnationale homogene Gemeinschaft, da es Klassen mit unterschiedlichen Interessen gibt.
- Die einen sind an der Verwertung des Kapitals interessiert, die anderen müssen um ihre Rechte kämpfen.
- Forderung von günstigen internationalen Bedingungen, die in ihrer Ideologie zum Ausdruck kommt.
- „Nationaler Wille", „Nationale Idee" oder „Gemeinsamer Wille" sind leere Worthülsen.
- Wenn ein „Nationaler Wille" existieren würde, so wäre dieser Wille zur nationalen Selbstbestimmung eine allgegenwärtige Praxis.
- Es gibt eine Entwicklung der verschiedenartigsten Beziehungen zwischen den Nationen.
  Dadurch fallen nationale Schranken und die Herausbildung einer internationalen Einheit des Kapitals, des Wirtschaftslebens und der Politik.
- Die Jagd nach Profit treibt das Kapital über die nationalen Gren-

zen hinaus und führt zur internationalen Arbeitsteilung.
- Entstehung einer kapitalistischen Weltwirtschaft, die in einem kapitalistischen Weltmarkt zum Ausdruck kommt.
- Die Nationen kommen durch die internationale Arbeitsteilung in ein gegenseitiges Abhängigkeitsverhältnis.
- Dieser Prozess führt im Kapitalismus zur Ausbeutung von Völkern und verursacht Kriege.

Krise heute: Die Gesellschaft ist als Ganzes verantwortlich (Schuldscheine).

Goldbindung wurde aufgehoben von den Amerikanern. Das war der Anfang von der Verselbstständigung des Geldes. Geld war bis dahin an die Realwirtschaft gebunden. Danach nur noch Ware zum Selbstzweck ohne Gegenleistung.
Kapital muss gebändigt werden, sonst gibt es Kriege.
Ideologen der entfesselten Marktwirtschaft oder die Theologen des Marktes sind der Meinung, der Markt regelt alles alleine. Warum dann Subventionen?
Die Entwicklung des Menschen ist materiell, geistig, politisch und moralisch, der Markt jedoch ist nicht moralisch, sondern auf Habgier, Korruption und Profitgier aufgebaut.
Die aufgestellten marktradikalen Theorien hören sich ja wunderbar, aber nur wenn man von der Wirklichkeit absieht.
Man konstruiert ein System und nennt es Freiheit.

Friedrich Engels: Anteil der Arbeit an der Menschwerdung des Affen. MEW Band 20, 2. Auflage, Berlin: Dietz Verlag 1983 (Exzerpt) (Seite 444 - 455)

Anteil der Arbeit an der Menschwerdung des Affen

Die Arbeit ist die Quelle allen Reichtums. Neben der Arbeit ist es die Natur, den sie liefert der Arbeit den Stoff, den sie in Reichtum verwandelt. Die Arbeit hat den Menschen selbst geschaffen. Damit ist sie die erste Grundbedingung allen menschlichen Lebens. Der entscheidende Schritt des Übergangs vom Affen zum Menschen ist, das immer mehr aufrechte Gehen und die damit verbundene Entwicklung der Hand. Der Hand fielen damit immer mehr Tätigkeiten zu, die sich durch die Arbeit von vielen Tausenden von Jahren hoch ausgebildet hat. Damit ist die Hand nicht nur das Organ der Arbeit, sondern auch ihr Produkt. Nun ist die Hand ein Bestandteil des Ganzen. So kam die Entwicklung der Hand durch die Arbeit dem ganzen menschlichen Organismus zugute. Darwin nannte es das Gesetz der Korrelation des Wachstums. Mit der Ausbildung der Hand durch die Arbeit beginnt auch die Herrschaft des Menschen über die Natur. Jeder weitere Fortschritt erweitert den Gesichtskreis des Menschen. In der Natur und den Naturgegenständen entdeckt der Mensch immer wieder neue unbekannte Eigenschaften. Durch die Ausbildung der Arbeit kam es notwendigerweise zu einem immer längeren gemeinsamen Zusammenwirken der Gesellschaftsglieder. Das menschliche Bewusstsein eines jeden Einzelnen hat die Nützlichkeit dieses Zusammenwirkens begriffen. Man wollte sich etwas sagen oder mitteilen. Aus diesem Bedürfnis heraus entwickelte sich ein Organ, der Kehlkopf. In Verbindung mit dem Kehlkopf entwickelte sich der Mund, was zu einer Artikulation von Buchstaben führte. Es ist die Entstehung der Sprachen. Vergleicht man dies mit dem Tier, so kann selbst das höchstentwickelte Tier nur dem anderen etwas mitteilen, was nichts mit einer artikulierten Sprache zu tun hat. Das Organ der Tiere zeigt gewisse Grenzen. Die Arbeit und dann die Sprache sind die wesentlichsten Antriebe, wo das Gehirn vom Affen zu einem größeren und vollkommeneren Gehirn eines Menschen übergegangen ist. Die Fortbildung des Gehirns entwickelte die nächsten Werkzeuge des menschlichen Organismus, die Sinnesorgane wie die Verfeinerung des Gehörgangs und das Sehvermögen des Menschen. Nun sieht der Adler zwar weiter als der Mensch, aber das menschliche Auge sieht viel mehr Dinge. Auch der Hund hat eine feinere Spürnase, aber die Tiere unterscheiden nicht den kleinen Teil, welches die bestimmten Merkmale der verschiedenen Dinge ausmacht. Aus diesen genannten Gründen gab es immer wieder einen neueren Anstoß zur Weiterbildung bis zu dem Moment, wo ein neues hinzutretendes Element kam, die Gesellschaft. Der Unterschied zwischen dem Affenrudel und der Menschengesellschaft ist die Arbeit, das heißt alles, was die Natur einem bietet, mehr daraus zu machen als nur das Futter zu suchen. Der Wolf zum Beispiel schont nicht wie der Jäger die Rehgeiß. Die Arbeit fängt mit der Fertigung von Werkzeugen an. Durch die Jagd und den Fischfang ging der Mensch allmählich von der Pflanzennahrung zur Fleischnahrung über, die zu zwei neuen Fortschritten führte. Es war die Dienstbarmachung des Feuers und die Zähmung der Tiere. Damit verkürzte sich der Verdauungsprozess des Menschen und man hatte regelmäßige Bezugsquellen von Milch. Der Mensch lernte alles Essbare zu essen und sich den jeweiligen klimatischen Bedingungen, wo er lebte, anzupassen. Er verbreitete sich über die ganze Erde, wo es auch kältere Gegenden gab mit Winter und Sommer. Diese Bedingungen ließen neue Bedürfnisse nach Wohnung, Kleidung und neuen Arbeitsgebieten entstehen. Durch das Zusammenwirken von Hand, Sprachorgan, Gehirn und der Gesellschaft wurde er befähigt, kompliziertere Verrichtungen auszuführen und sich damit immer höhere Ziele zu stellen. Neben der Jagd und der Viehzucht trat der Ackerbau, der Handel, das Gewerbe, die Kunst und die Wissenschaft auf. Aus den verschiedenen Stämmen wurden Nationen und Staaten. Es entwickelte sich das Recht, die Politik und das fantastische Spiegelbild der menschlichen Dinge im menschlichen Kopf, genannt die Religion. Die Menschen haben sich im Laufe der Entwicklung daran gewöhnt, ihr tun aus ihrem Denken zu erklären, statt aus ihren Bedürfnissen. Der Kopf, der die Arbeit plante und dies dann durch andere Hände ausführen lässt, führte durch die Tätigkeit des Gehirns zu einer rasch fortschreitenden Zivilisation. So entstand mit der Zeit eine idealistische Weltanschauung. Was uns dabei wieder vom Tier unterscheidet, ist, dass der Mensch weiß, was er tut. Er hat die Fähigkeit einer planmäßigen, vorbedachten Handlungsweise, wie es die Tiere zwar auch haben, aber er verändert seine Umwelt durch seinen Willen. Er macht sie sich seinen Zwecken dienstbar. Andererseits rächt sich die Natur wieder an uns. Denken wir nur an die Ausrottung der Wälder. Letztendlich geht es darum, diese Gesetze zu erkennen und richtig anzuwenden. Sicherlich lernt der Mensch die Gesetze immer besser zu verstehen und umso mehr dies geschieht, umso mehr wird er wieder eins mit der Natur, was der Mensch nicht nur fühlt, sondern auch weiß. Geist und Materie, Mensch und Natur, Seele und Leib, Fühlen und Wissen werden wieder eins. Auf die Arbeit bezogen hat der Mensch Jahrtausende gebraucht, um aus der zielgerichteten Handlung in der Produktion die sich daraus ergebenden natürlichen Wirkungen zu berechnen. Es ist aber weit schwieriger, die gesellschaftlichen Wirkungen dieser Handlungen zu begreifen. Was ist damit gemeint. Zwei Beispiele sollen dies verdeutlichen. Als Kolumbus Amerika entdeckte, wusste er nicht, dass er die in Europa längst überwundene Sklaverei zum neuen Leben erwecken würde. Diejenigen, die die Dampfmaschine entwickelten, haben damit die Gesellschaftszustände der ganzen Welt revolutioniert und Arm und Reich geschaffen. Der Mensch lernt, sich allmählich über die produktive Tätigkeit und deren gesellschaftlichen Wirkungen Klarheit zu verschaffen. Dann hat er die Möglichkeit, diese Wirkungen zu beherrschen und zu regeln. Die bloße Erkenntnis reicht aber hier nicht aus. Eine vollständige Umwälzung der bisherigen Produktionsweise mit ihrer gesamten gesellschaftlichen Ordnung gehört dazu.

Einleitung zu Engels Werk "Der Ursprung der Familie, des Privateigentums und des Staates" 1884 (Exzerpt)

I. Zu den historischen Entstehungsbedingungen (Seite 8 - 19)

Geschrieben von April bis Ende Mai 1884 von Friedrich Engels und erstmals erschienen im Exil - Verlag der sozialdemokratischen Arbeiterpartei Deutschlands im schweizerischen Hottingen - Zürich 1884. Nach 1871 hat die revolutionäre Arbeiterbewegung in den kapitalistischen Ländern große Fortschritte gemacht. Sie war in der Breite gewachsen, sodass die Bourgeoisie zunehmend bestrebt war, die Arbeiterbewegung ideologisch zu beeinflussen und zu spalten. In den siebziger und Achtzigerjahren musste sich die revolutionäre Arbeiterbewegung mit fünf Grundfragen auseinandersetzen. Erstens: Geschichte, Wesen und Funktion des Staates. Besonders in Deutschland tobte die ideologische Auseinandersetzung, die durch das Sozialistengesetz von 1878 und der Sozialpolitik von Bismarck mit dem Schlagwort „Staatssozialismus“ eine besondere Rolle einnahm. Die These vom „Staatssozialismus“, die einen Wohlfahrtsstaat preußischer Prägung propagierte, blieb in der Sozialdemokratie nicht ohne Wirkung. Zweitens: das Verhältnis von Arbeiterklasse und Bauernschaft, von Staat und Genossenschaftswesen, von kapitalistischer Entwicklung und bäuerlichen Gemeinden. Drittens: die Rolle von Frau, Ehe und Familie in Gegenwart, Vergangenheit und Zukunft. Viertens: Charles Darwins Evolutionstheorie und ihre Verbreitung. Fünftens: die Zunahme pseudowissenschaftlicher Angriffe gegen den wissenschaftlichen Sozialismus als Ganzes.

Es wird die Entstehung von Privateigentum, von Klassen und dem Staat dargestellt. Es erklärt die historischen Wurzeln des Krieges, der Geschichte, das Wesen und die Funktion des Staates und erläutert wichtige Grundfragen der Arbeiterbewegung zurzeit der Entstehung des Werkes. Zur gleichen Zeit kam das Wort „Staatssozialismus“ auf. Es war eine reaktionäre Theorie, wonach der bürgerliche - und insbesondere der preußische - deutsche Staat sich selbst zum Wegbereiter des Sozialismus berufen sah. Es sollte die Illusion verbreitet werden, dass ein Staat, wo Ausbeutungsverhältnisse herrschen, über die Klassen steht und die vorhandenen Gegensätze und den verschiedenen Interessen der einzelnen Klassen durch staatliche Reformen ausgeglichen werden können. Bismarck nutzte diese Möglichkeit mit der Sozialgesetzgebung aus. Sie sollte den Anschein erwecken, dass der Staat eine Verbesserung der sozialen Lage der damaligen Arbeiterklasse anstrebt. In diesem Zusammenhang sind Thesen wie „Staatssozialismus" und „Wohlfahrtsstaat" zu nennen, die bis zur heutigen Zeit ihre Wirkung zeigen. Deutlich erkennbar ist dies an der Verstaatlichung von Betrieben im Kapitalismus und einer sogenannten sozialen Politik. Die sozialökonomischen Grundlagen einer Klassengesellschaft werden damit ignoriert. Deshalb war es notwendig, der Arbeiterklasse ein klares Bild über die Triebkräfte, die zu Privateigentum und Staat führen, zu vermitteln. Eine wichtige Grundfrage war das Verhältnis von Arbeiterklasse und Bauernschaft, Staat und Genossenschaftswesen, kapitalistischer Entwicklung und bäuerlicher Gemeinden. Der Staatssozialismus war ein Konzept der herrschenden Klasse. Auch die Rolle der Frau, Ehe und Familie in der Gegenwart, Vergangenheit und der Zukunft müssen mit in den Betrachtungen hinzugezogen werden. In der Geschichte der Familie drückt sich der Übergang vom Naturzustand zum Gesellschaftszustand aus. Unter den Bedingungen der großen Industrie wurde der Frau ihre rechtliche Ungleichheit noch bewusster. Sie erhielt die schlechteste bezahlte Arbeit, oder sie bekam bei gleicher Arbeitsleistung weniger Lohn. Ein wesentlicher Fortschritt in der materiellen Erkenntnis der lebenden Natur war Darwins Evolutionstheorie. Sie bezog sich nicht nur auf den Menschen, sondern auch auf die menschliche Gesellschaft. Als Letztes musste der Zunahme pseudowissenschaftlicher Angriffe gegen den wissenschaftlichen Sozialismus von Marx und Engels entgegengetreten werden, da sie nach der Pariser Kommune 1871 sich verstärkte. Ein typischer Vertreter war der Gelehrte Rudolf Virchow. Er war einst Anhänger des Darwinismus. Da aber diese Lehre zum Sozialismus führte, lehnte er sie später ab. Rudolf Virchow soll ebenfalls eine ablehnende Haltung gegenüber der Pariser Kommune 1871 gehabt haben. Das progressive an Lewis H. Morgens Buch, „Ancient Society, or Researches in the Lines of Human Progress from Savagery, through Barbarism to Cicilisation“ aus dem Jahre 1877 ist, das es eine Ordnung und eine Systematik in die Urgeschichte der Menschheit brachte. Dieses Buch enthielt schon Elemente einer materiellen Geschichtsbetrachtung wie z. B. die Entwicklung der Produktionstechnik.

II. Zum Aufbau und zur Struktur (Seite 20 - 21)

Die Entdeckung der Gentilgesellschaft durch Lewis H. Morgen wird als ein wesentlicher Bestandteil für das historisch - materielle Verständnis der Gesetzmäßigkeiten der Geschichte verstanden. Es werden als Erstes die Grundlagen, die Zusammenhänge und die Triebkräfte der urgesellschaftlichen Entwicklung in der Epoche der „Militärischen Demokratie“ untersucht. Hier erkennt Engels schon die Wurzeln von Ausbeutung, Klassenteilung und Staat. Im Kapitel I und Kapitel III sind im Wesentlichen Resümees aus Morgens Werk und aus Konspekten von Marx enthalten. Kapitel II und Kapitel IV finden wir eigene von Engels über Morgens hinausgehenden Analysen und Bewertungen. In den Kapiteln V bis VIII wird die Staatsbildung in Athen, Rom, den Kelten und den Germanen dargestellt. In Kapitel IX legt Engels die historischen Gesetzmäßigkeiten dar. Engels arbeitet eine Epoche zwischen urkommunistischer Gesellschaft und einer Klassengesellschaft heraus, die er als „Militärische Demokratie“ bezeichnete. Er entwickelte den Grundgedanken einer historischen, gesetzmäßigen Abfolge der Menschheitsgeschichte. Urkommunismus, Klassengesellschaften, Kommunismus und den beiden Übergangsperioden der „Militärischen Demokratie“ und den „Sozialismus“.

III. Die Hauptgedanken von Engels (Seite 22 - 23)

Grundgedanken, die sich durch das ganze Werk ziehen. Die Ent-

stehung einer urkommunistischen Gesellschaft. Zerfall der klassenlosen Gesellschaft durch entstehende Widersprüche und der Macht des Privateigentums. Die dadurch bedingte Herausbildung von Klassen und Staat.
Das Privateigentum, die Klassengesellschaft und der Ausbeuterstaat sind historische Stufen der Menschheitsgeschichte.

1. Die urgeschichtlichen Kulturstufen (Seite 23 - 25)
Die zwei Hauptepochen sind die Wildheit und die Barbarei. Die Wildheit ist gekennzeichnet durch die Aneignung von fertigen Naturprodukten durch die Jagd, den Fischfang und durch das Sammeln. Die Barbarei ist geprägt von der Produktion von Naturerzeugnissen, von der Zähmung und Züchtung von Tieren und der Kultur von Pflanzen und der Herausbildung von Bodenbau und Viehzucht. Zudem gelang es, das Eisenerz zu schmelzen, welches die letzte Stufe der Barbarei, die sogenannte Oberstufe darstellte. Das Anwachsen der Produktion und Kulturen in dieser Oberstufe bildete die Grundlage für den Zerfall der Urgesellschaft und den Übergang zur Zivilisation.
Die Zivilisation ist die Epoche einer Kulturstufe und Zeitraumes, wo Naturerzeugnisse verarbeitet werden. Auch die Industrie und die Kunst entwickelten sich. Engels betonte im Zusammenhang mit diesen Epochen, wie die Familie sich dementsprechend entwickelt. Ihre Entwicklung ist abhängig von der Produktivität der Arbeit, die zugleich auf sie wieder zurückwirkt. Die bürgerliche Ideologie dagegen will die monogame Familie in Verbindung mit dem Privateigentum an Produktionsmitteln bringen, welche angeblich die ewige Grundlage der menschlichen Geschichte sein soll. Besonderen Wert legt Engels auf die dialektischen Beziehungen zwischen der Entwicklung der produktiven Grundlage der Gesellschaft und den daraus entstehenden Institutionen des gesellschaftlichen Überbaus und der Familie.

2. Ursprung, Entwicklung und Rolle von Familien und Gens – 2.1. Stufen der Familienentwicklung (Seite 26 - 31)

Engels sieht die Entwicklung der Familie unter dem Aspekt der Produktion und Reproduktion des unmittelbaren Lebens. Im Kapitel I wird dies eindrucksvoll dargelegt. Gewinnt die ökonomische Seite an Kraft, umso mehr verstärkt sich die wechselseitige Abhängigkeit der Entwicklung der Familie und der sozialökonomischen Basis der Gesellschaft. Die Herausbildung von Privateigentum und der Sklaverei lässt die monogame Familienform entstehen. Es ist eine Form, die sich nicht auf natürliche, sondern auf ökonomische Bedingungen gründet. Im Kapitel II unterscheidet Engels mehrere Entwicklungsstufen der Familie. Die erste Form des gesellschaftlichen Zusammenlebens nennt er die Horde. Aus ihr ist die erste Stufe der Familie hervorgegangen, die Blutsverwandtschaftsfamilie. Hier sind alle Angehörigen derselben Generation einer Abstammungsgemeinschaft einander Mann und Frau gewesen. Die Geschwisterehe wurde mit eingeschlossen. Es muss an dieser Stelle darauf hingewiesen werden, dass diese Stufe der Familienentwicklung bei Morgen und Engels sich bis heute nicht eindeutig nachweisen lässt. Die zweite Stufe der Familie ist die sogenannte Punaluafamilie, wo der gegenseitige Geschlechtsverkehr unter den Geschwistern ausgeschlossen war.

Inzucht ist demzufolge ausgeschlossen und die biologische Entwicklung des Menschen wurde vorangebracht. Es war eine Gruppenehe, wo eine Gruppe von Männern mit einer Gruppe von nicht blutsverwandten Frauen eine Ehegemeinschaft oder eine Familie bildeten. Aus dieser Gruppenehe sollen im Großen und Ganzen die Gens hervorgegangen sein. Die Vaterschaft war hier ungewiss, sodass man die Abstammung nach der Mutter rechnete. Die dritte Stufe der Familie stellt die Paarungsfamilie dar, welche im Prinzip ein dauerhaftes Zusammenleben von nicht blutsverwandten Eheleuten innerhalb der Gens ist. Engels sieht die Entwicklung der Familie als eine relativ selbstständige Entwicklung an. Es ist eine Entwicklung vom regellosen Geschlechtsverkehr bis hin zur Ausschließung von Blutsverwandten überhaupt. Durch diese allmähliche Einengung ehelicher Verbindungen kommt die natürliche Zuchtwahl im Sinne Darwins einem ins Gedächtnis. Geht man von dieser Theorie aus, hätten Stämme mit einer Gentilverfassung die Oberhand gegenüber den Zurückgebliebenen gewonnen oder mit sich gezogen. Allerdings ist diese mit der darwinschen Evolutionstheorie durch Morgen erarbeitet und von Engels wiedergegeben äußerst hypothetisch. Zuverlässige Aussagen sind erst ab der Paarungsfamilie innerhalb der Gentilordnung möglich. Die Paarungsfamilie ist an der Grenze zwischen Wildheit und Barbarei entstanden. Es ist eine Zeit des Übergangs von der aneignenden zur produzierenden Wirtschaft, vom Jäger- und Sammlerdasein zur Viehzucht und dem Bodenbau und einer schweifenden Lebensweise, die zur Sesshaftigkeit führte. Hier werden neue Triebkräfte wirksam, die sich zu einem Widerspruch entwickeln und zum Sturz des Mutterrechts führen. Die Produktion ist im Wachsen begriffen, vor allem in der Viehzucht. Damit sammeln sich Reichtümer in den Paarungsfamilien an, die größten Teils aus der Arbeit des Mannes stammen. Hier entsteht naturgemäß das Bedürfnis, die angehäuften Reichtümer auf die Kinder zu vererben. Nun gehörten aber nach Mutterrecht die Kinder ihr und nicht dem Vater. Widersprüche entstehen, wo nach dem Tod des Mannes das Erbe an die Gens des Mannes übertragen wird (Blutsverwandte) und nicht an seine Söhne. Der Sturz des Mutterrechts ist die Folge, da jetzt das Erbe zur männlichen Abstammungsfamilie, also nach dem väterlichen Erbrecht gehört. Diese einschneidende Veränderung unter den Menschen leitete die Niederlage des weiblichen Geschlechts ein. Das Mutterrecht war niemals als Vorherrschaft der Frau in der Gesellschaft verstanden worden, sondern es hob die gleichberechtigte Stellung der Frau hervor. Mit diesem väterlichen Erbrecht, der Bindung der väterlichen Abstammungslinie an Eigentumsrechte, entsteht eine neue Familienform. Es ist die patriarchalische Familie. Der Familienvater verfügt hier über Reichtum. Darunter fallen die Produktionsmittel, der Grund und Boden sowie das Vieh. Diese

Familienform wird damit eine an Privateigentum beruhende Wirtschaftseinheit, womit zugleich eine Ausbeutung von Knechten und Sklaven im Rahmen dieser Familie ermöglicht wird. Es ist die Übergangsepoche von der Urgesellschaft zur Klassengesellschaft, wo Ausbeutung und Unterdrückung unter gentilgesellschaftlichen Normen entsteht. Aus der Paarungsfamilie beziehungsweise der patriarchalischen Familie entsteht die vierte Stufe der Familie, die monogame Familie. Engels bezeichnet diese Familienform als einer von der Ausbeutergesellschaft und der ihr angehörigen Ausbeuterklasse mit ihren Institutionen durchgesetzte Familie. Sie bildet eine wirtschaftliche Einheit der Gesellschaft von Privateigentümern an Produktionsmitteln. Der eigentliche Zweck dieser Familienform ist die Erzeugung von Kindern mit unbestrittener Vaterschaft durch die Erbfolge. Engels macht den historischen Charakter der Familienform deutlich. In den Produktionsstufen der Wildheit und der Barbarei ist alles auf Gemeineigentum aufgebaut. In Gesellschaften, die auf Privateigentum beruhen, gibt es wieder andere Familienformen. Die Ausführung von Engels über die monogame Familie wird von der bürgerlichen Ideologie immer wieder gern angegriffen, indem man ihm unterstellt, er habe die Aufhebung aller Familienbanden gefordert (Regellosigkeit). Die bürgerliche Gesellschaft schützt zwar die monogame Familie, aber erst mit der Beseitigung der Ausbeutergesellschaft kann die Ehe, die auf eine freie Übereinkunft der Gatten beruht, gesellschaftlich verwirklicht werden. Nun ist die „monogame Familie“ auf Einzelehe zu übersetzen. Inhaltlich verkörpert sie aber die gesellschaftliche Entrechtung der Frau, welches typisch für eine Ausbeutergesellschaft ist. Deswegen bezeichnet er die Ehe im Sozialismus als Einzelehe, denn nur sie beruht nach seiner Meinung auf Geschlechtsliebe und freier Gattenwahl ohne ökonomische Nebenrücksichten.

2.2. Die Gens als Grundverhältnis zur urkommunistischen Gesellschaft (Seite 31 - 34)

Gens = Abstammunsgemeinschaft, Geschlechtsverband und Sippe werden in den Kapiteln III und IV behandelt. In der Mittelstufe der Wildheit, das heißt bei den Jägern und Sammlern entsteht die gesellschaftliche Einheit Gens, die aus der Horde oder einer Lokalgruppe hervorgegangen ist. Das Wesen der Gens erläutert Engels anhand des Indianerstammes der Irokesen: Es gibt demokratische Versammlungen aller männlichen und weiblichen Angehörigen eines Gens, die ihren Häuptling wählen und nach Belieben wieder absetzen können. Heiraten darf man nur einen Partner, der außerhalb des eigenen Gens abstammt. Die Erbfolge wird innerhalb der Gens geregelt. Hilfe, Schutz und gegenseitiger Beistand zeichnen das Verhältnis der Angehörigen des Gens untereinander aus. Spezielle Namen charakterisieren die einzelnen Gentes. Jede Gens haben ihren eigenen Bestattungsplatz. Die Gens können andere Adoptieren und zu voll berechtigten Mitgliedern aufnehmen. Gentes, die aus der Teilung einer älteren Gens entstanden sind, bewahren sich ihre enge Bindung zueinander und werden als Brüderschaft (Phratrie) bezeichnet. Mehrere Gentes sind damit Bruderschaften und bilden einen Stamm. Hier sind die einzelnen Gentes durch wechselseitige Heiratsbeziehungen miteinander verbunden. Damit Heiraten sie zwar innerhalb ihres Stammes, aber nicht aus den unmittelbaren eigenen Gentes. Die ökonomische Grundlage von Gens und dem Stamm ist das Gemeineigentum an Produktionsmitteln. Sie nutzen alles gemeinsam den Wald, die Weide, das Wasser, die Tiere, die Fische und vieles mehr. Die von den einzelnen Mitgliedern eines Gens oder Stammes hergestellten Produktionsinstrumente wie eine Hacke, ein Beil, ein Pfeil und einen Bogen sind persönliches Eigentum. Nach dem Übergang zur Tierhaltung gehörte in der Regel auch das Vieh dazu. Die Produkte, die hergestellt werden, dienen der gesamten gesellschaftlichen Einheit. Die Verteilung ist nach der geleisteten Arbeit des Einzelnen geregelt. Diese Gentilverfassung ist für Engels etwas Wunderbares, die aber ihre historischen Grenzen aufweist. Was ist zu dieser Verfassung zu sagen. Sie beruht auf einer äußerst unentwickelten Produktion, einer äußerst dünnen Bevölkerung und einem geringen Grad der Naturbeherrschung. Was außerhalb des Stammes liegt, ist auch außerhalb ihres Rechts. Wo kein Friedensvertrag vorliegt, herrscht Krieg. Der Einzelne ist in die Gentilbindung eingeschlossen (Untertan). Alle hängen am naturwüchsigen Gemeinwesen der Gentes und der Stämme, welches durch die entstehenden Interessensgegensätze gebrochen wird, welches im Fortschreiten der Produktivkräfte begründet liegt. Die Erzeugung von einem Mehrprodukt lässt durch die unterschiedliche Akkumulation von Reichtum das Privateigentum und die Ausbeutung entstehen. Dieser Fortschritt bringt die Klassengesellschaft hervor. Engels zeigt auf, dass eine urkommunistische Gesellschaft gut funktioniert hat. Sie war harmonisch und brachte Sicherheit. Er lässt aber auch keinen Zweifel daran, dass diese Gesellschaftsform auf sehr begrenzten Voraussetzungen beruhte. Eine Wiederherstellung in diesem Sinne konnte keine Lösung sein. Dies nutzte die bürgerliche Ideologie aus und unterstellte ihm, den wissenschaftlichen Sozialismus zu diskreditieren. Engels kam es auf Folgendes an, dass es eine auf Gemeineigentum begründete Gesellschaft gab, die über viele Jahrtausende zum Wohle ihrer Mitglieder existiert hat. Dass so eine Gesellschaft ohne einen Staat der Klassengesellschaft mit militärischen, politischen und juristischen Machtmitteln ausgekommen war. Dass der Staat mit seiner öffentlichen Gewalt zur Sicherung der Herrschaft einer kleinen besitzenden Minderheit an Produktionsmitteln in der Zerfallsperiode der Gentilgesellschaft erst entstanden ist. Dass es Normen des Zusammenlebens hervorbrachte, nach dem Prinzip der Freiheit, Gleichheit und Brüderlichkeit. Warum sollte es dann nicht möglich sein, dass sich eine klassenlose und seelenlose Gesellschaft auf hohem Niveau entwickelt.

3. Die Entstehung des Privateigentums, der Gesellschaftsklassen und Staat (Seite 35 - 42)

Engels untersuchte nun den Zerfall der Gentilordnung und die Herausbildung von Privateigentum, Gesellschaftsklassen und dem Staat. Dies geschieht in den Kapiteln V - VIII. Der Ursprung und das Wesen des Staates werden herausgearbeitet. Hier wird dargestellt, warum aus der Gentilwirtschaft heraus die Elemente der Klassengesellschaft immer stärker wurden und eine Ausbeuterklasse entstehen lies. Kapitel V beinhaltet die Entstehung des Staates in Athen. Hier arbeitet Engels am deutlichsten die Herausbildung des Privateigentums sowie die Umwandlung gentiler Einrichtungen in die eines Staates heraus. Im Kapitel VI wird am Beispiel von Rom ein weiterer Weg von der Gentilgesellschaft über die militärische Demokratie zur Klassengesellschaft und dem Staat untersucht. Dann kommt die Herausbildung von Privateigentum und einer Klassengesellschaft bei den Kelten und den Germanen im Kapitel VII. Am Beispiel von Athen, Rom und des Frankenreiches hat Engels drei Staatsformen herausgearbeitet. Die Demokratische Republik der Athener zur Niederhaltung und Ausbeutung der Sklaven, die aristokratische Republik der Sklavenhalter in Rom und das Könitgtum als Staatsinstitution aus der Eroberung weiter Gebiete, wo neben dem König und dem Adel die freien Bauernkrieger wesentliche Machtpositionen behaupteten. Engels stellte fest, dass der Staat keine von außen aufgezwungen Macht oder eine Entäußerung einer sittlichen Idee sei. Dies richtete sich auch gegen Hegel, da der Staat ein Produkt der Gesellschaft auf einer ganz bestimmten Entwicklungsstufe ist. Gegenüber der Gentilorganisation ist der Staat durch folgende Merkmale gekennzeichnet. Durch die Einteilung der Staatsangehörigen nach dem Gebiet. Durch die Errichtung einer öffentlichen Gewalt, die als Herrschaftsinstrument gegenüber den Sklaven und den anderen Ausgebeuteten notwendig wird. Durch die Erhebung von Steuern zur Aufrechterhaltung der öffentlichen Gewalt. Der Staat ist ein historisch begründetes und historisch notwendiges Ergebnis der Entwicklung zu einer Klassengesellschaft. Die Zivilisation kann aber auch nicht ohne den Staat existieren. Das Wesen des Staates ist, dass er Klassencharakter besitzt und ein Macht- und Herrschaftsinstrument der jeweils herrschenden Klassen darstellt und deren Interessen vertritt. Engels Feststellung ist deshalb, dass der Staat nicht von Ewigkeit existiert und es Gesellschaften gab, die ohne einen Staat und einer Staatsgewalt ausgekommen sind. Hat die ökonomische Entwicklung eine bestimmte Stufe erreicht, die mit der Spaltung der Gesellschaft in Klassen notwendigerweise verbunden war, wurde der Staat zur Notwendigkeit. Hier nähern wir uns schnellen Schrittes einer Entwicklungsstufe der Produktion zu, die nicht nur das Dasein dieser Klasse notwendig machte, sondern auch zu einem positiven Hindernis der Produktion wurde. Nach Engels Auffassung wird der Staat unvermeidlich fallen, wie er früherer entstanden ist. Hier hat er den Staat der Ausbeutergesellschaft vor Augen. In einem Staat ohne Klassengegensätze leiten die Mitglieder der Gesellschaft ihre gesellschaftlichen Angelegenheiten selbst. Es gibt keinen Staat, der angeblich über der Gesellschaft steht, wo man soziale Verhältnisse schaffen könne. Durch die Einführung des allgemeinen Wahlrechts durch Bismarck nährte man die Illusion, dass man in einen sozialen Staat hineinwachsen könne. Dazu meinte Engels „das allgemeine Stimmrecht kann und wird nie mehr sein“. Das hier die bürgerliche Ideologie sich voll ins Zeug legt und eine Gesellschaftserhaltente Funktion des Staates propagiert, ist nachvollziehbar, da sie hier das Wesen des Ausbeuterstaates zu verschleiern versucht. Er diene zur Versöhnung der Klassen. Nur sind die Klasseninteressen zu unterschiedlich. Daher konstruiert man eine scheinbar über der Gesellschaft stehende Macht, die Konflikte dämpfen und alles in Ordnung halten soll. Der Staat als Machtinstrument der herrschenden Klasse soll Konflikte dämpfen. Das bedeutet aber nicht, dass der Staat die Klassen versöhnen kann.

4. Die Rolle von urkommunistischen Traditionen und gentilgesellschaftlichen Organisationsformen für den Kampf der Volksmassen (Seite 42 - 44)

Engels begründete dies im Kapitel VIII, dass die zerfallende Sklavenhalterordnung nur durch eine Revolution überwunden werden könne. Die freien Bauern öffneten der krisengeschüttelten römischen Sklavengesellschaft den Weg in den Feudalismus. Einer neuen und höheren Gesellschaftsformation. Marx und Engels gingen davon aus, dass Reste urkommunistischer Traditionen und Institutionen in eine sozialistische Entwicklung einbezogen werden können.

Schlussbemerkung (Seite 45 - 47)
Im letzten Kapitel fasst Engels noch einmal seine Ergebnisse zusammen. Das Kapitel „Barbarei und Zivilisation" sollte man besonders aufmerksam lesen. Hier werden in einer strengen logischen Abfolge die Grundlinien der menschheitsgeschichtlichen Entwicklung mit einer auslaufenden Schlussfolgerung und den zukünftigen Aufgaben erläutert. Er hat allgemeine Wesenszüge einer Gesellschaftsordnung ohne antagonistische Klassenverhältnisse hervorgehoben. Die allgemeinen Wesenszüge sind eine auf Gemeineigentum beruhende soziale Gleichheit wie die Gleichberechtigung der Geschlechter. Die Pflicht aller Gesellschaftsmitglieder an der gesellschaftlichen Produktion und Reproduktion teilzunehmen. Es gibt keine Klassenspaltung und demzufolge auch keine der Gesellschaft gegenüberstehende fremde Staatsgewalt. Es sind Rechte und Pflichten eines jeden, die sich aus der klassenlosen Gesellschaft ergeben.

Was ist unter einer Gentilverfassung zu verstehen

In der Zeit bzw. Prozesses, wo der Mensch aus der Tierwelt heraustritt, lebten die Menschen noch in Horden und Rudeln wie ihre unmittelbaren Vorfahren. Doch im Laufe der Zeit bildete sich durch die Entstehung der Wirtschaft, der Urgemeinschaft und dem Anwachsen der Bevölkerung die Gentilverfassung der Gesellschaft heraus. Gemeinschaftliche Arbeit war in dieser Zeit nur mit Menschen möglich, die in einer verwandtschaftlichen Beziehung miteinander standen. Jedem anderen standen sie feindlich gegenüber. Die Gens waren eine Gruppe, die durch die Blutsverwandtschaft zusammengehalten wurde, und jede dieser Gruppe lebte für sich. Die Zahl der Angehörigen wuchs im Laufe der Zeit, sodass sich nach und nach ein gemeinschaftliches Leben entwickelte. Sie erkannten die Vorteile der gemeinsamen Arbeit und schlossen sich zusammen. In der ersten Stufe der Gentilverfassung hatte die Frau die dominierende Rolle. Das lag daran, dass die Jagd Sache der Männer war und die Existenz durch die Jagd nicht völlig abgesichert werden konnte. Die Zähmung von Tieren hatte zu dieser Zeit eine große wirtschaftliche Bedeutung und lag in den Händen der Frau. Daher spielte die Frau lange eine führende Rolle in der Gentilgemeinschaft. In dieser Gentilgemeinschaft gehörten die Nachkommen nur einer Frau an. Die Verwandtschaft wurde nach der mütterlichen Linie gerechnet, das sogenannte Matriarchat. Die Produktivkräfte entwickelten sich weiter, wo allmählich die Viehzucht und der Ackerbau (Getreidebau) sich entwickelte, was Sache der Männer war und eine entscheidende Rolle in der Gemeinschaft spielte. In der letzten Periode der Urgemeinschaft wurden die matriarchalischen Gens von den patriarchalischen Gens abgelöst. Trotzdem waren alle Menschen gleich und keiner wurde über den anderen herausgehoben. Es gab keine Klassen mit verschiedenen Interessen, da es kein Privateigentum gab. Mit der Entstehung des Privateigentums entstanden zwei Klassen mit verschiedenen Interessen. Um diesen offenen Kampf dieser zwei Klassen unter Kontrolle zu bringen, entstand eine dritte Macht, der Staat.

Was sagt das Werk von Engels aus

1. Der Mensch hat sich im Prozess der Auseinandersetzung mit der Natur entwickelt.
2. Die Entstehung von Privateigentum lässt verschiedene Klassen aufkommen.
3. Der Kampf dieser Klassen untereinander lässt wiederum den Staat entstehen.
4. Der Staat ist nichts Ewiges. Der Staat ist ein Produkt der Gesell-

schaft.

5. In einer Demokratie wird die Macht der herrschenden Klasse in direkt ausgeübt.
6. Ökonomische Gesetze beherrschen die Gesellschaft seit der Epoche der Zivilisation.

Friedrich Engels: Der Ursprung der Familie, des Privateigentums und des Staates, MEW Band 21, Berlin: Dietz Verlag 1984 (Exzerpt)

Der Ursprung der Familie, des Privateigentums und des Staates (Seite 25 - 173)

Zur ersten Auflage 1884 (Seite 27 - 29)

Das bestimmende Moment in der materialistischen Geschichtsauffassung ist die Produktion und Reproduktion des unmittelbaren Lebens, welches zwei Seiten hat (zwei Arten der Produktion). Einmal die Erzeugung von Lebensmitteln, Kleidung, Wohnung und den dazu erforderlichen Werkzeugen und zum anderen die Fortpflanzung der Gattung. Je mehr sich die Produktivität der Arbeit entwickelt, so entwickelt sich mit ihr auch das Privateigentum und der Austausch. Der Reichtum der Gesellschaft wird größer und neue soziale Elemente entstehen. Sie bilden die Grundlage der Klassengegensätze.

I. Vorgeschichtliche Kulturstufen (Seite 30)

Die Verdienste von Lewis H. Morgan liegen in der Sachkenntnis, in der menschlichen Vorgeschichte eine bestimmte Ordnung gebracht zu haben. Seine Gruppierung geschieht in drei Hauptepochen: Wildheit, Barbarei und Zivilisation.

1. Wildheit (Seite 30 - 32)

Unterstufe: Teilweise auf Bäumen lebend und ernährt sich von Früchten, Nüssen und Wurzeln. Es ist die Kindheit des Menschengeschlechts.

Mittelstufe: Beginnt mit der Verwertung von Fischen bzw. Wassertieren und dem Gebrauch des Feuers. Damit wurde die Fischnahrung vollständig essbar. Durch diese neue Möglichkeit der Nahrungsaufnahme wurden die Menschen vom Klima und der Lokalität unabhängig. Die neu besetzten Gebiete, der ständige Findungstrieb und der Besitz des Reibefeuers machten neue Nahrungsmittel möglich, wie Wurzeln und Knollen in Erdöfen und das Wild, was mit den ersten Waffen wie Keule und Speer erlegt werden konnte. Da es trotzdem eine andauernde Unsicherheit der Nahrungsquellen gab, nimmt man an, dass auf dieser Stufe die Menschenfresser aufkamen.

Oberstufe: Durch die Erfindung von Pfeil und Bogen wurde das Wild ein regelmäßiges Nahrungsmittel und die Jagd entwickelte sich zu einem normalen Arbeitszweig. Bei einigen Völkern ist die Beherrschung der Produktion des Lebensunterhalts schon zu erkennen, welches aus den Erfahrungen und der immer schärfer werdenden Geisteskraft herrührt. Die Erfindungen gingen von Steinwerkzeugen über die Töpferei, dem eisernen Schwert für die Barbarei und die Feuerwaffe für die Zivilisation.

2. Barbarei (Seite 32 - 35)

Unterstufe: Einführung der Töpferei. Der Gang der allgemeinen Entwicklung ist mit dem Eintritt der Barbarei auf die Lokalität nicht mehr zutreffend. Charakteristisch für die Barbarei ist die Zähmung und Züchtung von Tieren sowie die Kultur von Pflanzen. Die verschiedenen Naturbedingungen bewirken den unterschiedlichen Gang der Völker auf der Erde.

Mittelstufe: Sie ist im Osten mit der Zähmung von Haustieren und im Westen mit der Kultur von Nährpflanzen eingeleitet worden. Aus der Hordenbildung entstand an geeigneten Orten das Hirtenleben. Es ist auch wahrscheinlich, dass der Getreideanbau vorerst für die Tiernahrung sich entwickelte, ehe es für den Menschen wichtig wurde. Die reichliche Fleisch- und Milchnahrung bei Ariern und den Semiten wirkte sich günstig auf die Entwicklung der Kinder aus. Daher ist die Überlegenheit dieser Rassen zu erklären. Nachweislich hatten die Indianer in New Mexico ein kleineres Gehirn, was auf die ausschließliche Pflanzennahrung zurückzuführen war.

Oberstufe: „Beginnt mit dem Schmelzen des Eisenerzes und geht über in die Zivilisation vermittelst der Erfindung der Buchstabenschrift und ihrer Verwendung zu literarischen Aufzeichnungen“ (S.

34). Diese Entwicklung ist nur auf der westlichen Halbkugel vorzufinden. Es sind die Griechen zur Heroenzeit, die italienischen Stämme kurz vor der Gründung Roms, die Deutschen des Tacitus und die Normannen der Wikingerzeit. Vorzufinden ist hier der Pflugschar, der Ackerbau, der Feldbau, die Ausrodung des Waldes für das Ackerland, die eiserne Axt und der Spaten. Das alles führte zu einer raschen Vermehrung der Bevölkerung. In ihrer höchsten Blüte sehen wir Eisenwerkzeuge, Kunsthandwerk, Schiffsbau, Streitwagen, Architektur und vieles mehr. Bei diesen Betrachtungen sehen wir, welchen Reichtum die Entwicklung der Produktion mit sich bringt. Zusammenfassend kann gesagt werden, dass die Wildheit von vorwiegender Aneignung fertiger Naturprodukte geprägt war und die Kunstprodukte waren dessen Hilfsmittel. In der Barbarei ist es die Viehzucht und der Ackerbau und das allmähliche Begreifen von Methoden, welches die Produktion von Nahrungserzeugnissen steigern lässt. Die Zivilisation ist die Erlangung einer weiteren Verarbeitung von Naturerzeugnissen, der eigentlichen Industrie und der Kunst.

IX. Barbarei und Zivilisation (Seite 160 - 173)

Die Zivilisation wird durch einen neuen Fortschritt der Teilung der Arbeit eröffnet. Erst produzierten die Menschen nur für ihren eigenen Bedarf. Dann finden wir bei den Hirtenvölkern schon einen Besitz wie das Vieh. Hat man eine gewisse Größe an einer bestimmten Viehherde, so hat man regelmäßig einen Überschuss, der über den eigenen Bedarf hinausgeht. Da es Hirtenvölker und noch zurückgebliebene Stämme gab, die unterschiedliche Produktionsstufen besaßen, kam es gleichzeitig zu einer Teilung der Arbeit. Es waren Bedingungen, die einen regelmäßigen Austausch anregten. Eine weitere Arbeitsteilung zwischen Ackerbau und Handwerk folgte. Damit kam es zur Produktion ständig wachsender Arbeitserzeugnisse für den Austausch. Es treten Einzelproduzenten auf, die untereinander einen regen Austausch betreiben, was zu einer Lebensnotwendigkeit der Gesellschaft wird. Diese vorgefundene Arbeitsteilung in der Zivilisation steigert sich in Größe und Umfang. Hier ist der verschärfende Gegensatz zwischen Stadt und Land zu sehen.

Altertum: Die Stadt beherrscht ökonomisch das Land.

Mittelalter: Das Land beherrscht ökonomisch die Stadt.

Aus diesem Gegensatz entwickelt sich eine dritte ganz entscheidende und wichtige Arbeitsteilung, die zu einer neuen Klasse führt. Es sind die Kaufleute, die nicht mehr an der Produktion beteiligt sind, sondern nur noch mit dem Austausch der Produkte beschäftigt sind. Die Kaufleute haben keinen Anteil an der Produktion, da sie nur als Vermittler zwischen zwei Produzenten auftreten. Das gibt den Kaufleuten die Möglichkeit, die Leitung der Produktion zu erobern und die Produzenten zu zwingen, sich ihnen ökonomisch zu unterwerfen. Die Kaufleute beuten damit beide aus und sind nun in der Lage, sich rasch Reichtümer anzueignen und einen steigenden gesellschaftlichen Einfluss zu erwerben. Dies versetzt sie wiederum in die Lage, noch schneller Reichtümer anzuhäufen. Damit steigt zugleich auch ihr gesellschaftlicher Einfluss weiter. Ihre Beherrschung der Produktion wird immer größer, was zu periodischen Handelskrisen führt. Welchem Umstand ist dies zu verdanken? Die Kaufleute benutzten den Vorwand, dass sie den Produzenten die Mühe und das Risiko des Austauschs abnehmen und den Absatz ihrer Produktion auf entfernten Märkten ausdehnen. Mit der Entstehung der Kaufleute bildete sich das Metallgeld, die geprägte Münze heraus. Es ist ein neues Mittel, um über die Produzenten und ihrer Produktion zu herrschen. Ein Zaubermittel war geboren, was alle Waren im Verborgenen in sich enthält und in andere Dinge verwandeln kann. Man konnte Waren kaufen für Geld. Als Nächstes kam der Geldvorschuss, der den Zins und den Wucher mit sich brachte. Neben dem Reichtum an Waren und Geld kam noch der Grundbesitz. Der Boden konnte jetzt zur Ware werden, durch Verkauf oder Verpfändung. Kaum war das Grundeigentum da, gab es auch schon die Hypothek. Eine Hypothek ist das Recht an einem Grundstück oder einer Wohnung zur Sicherung einer Geldforderung. Die Folge war ein rasches Fortschreiten der Konzentration und Zentralisation des Reichtums in den Händen von wenigen, während auf der anderen Seite die Zahl der Armen immer mehr steigt und ärmer werden. Durch diese neuen Erwerbsverhältnisse veränderten sich die gesellschaftlichen Verhältnisse, die neue Bedürfnisse und Interessen mit sich brachten. Es entstand eine Gesellschaft in ausbeutende Reiche und ausgebeutete Arme, die den offenen Kampf beider Klassen immer weiter auf die Spitze trieb. Um aber diesen offenen Kampf beider gegenüberstehenden Klassen niederzudrücken, kam eine dritte Macht, die scheinbar über diesen steht, der Staat. Sehen wir uns die drei Hauptformen an, wie der Staat sich aus der Gentilverfassung erhebt. In Athen entspringt der Staat direkt aus den Klassengegensätzen, die sich innerhalb der Gentilverfassung entwickeln. In Rom entwickelt sich die Gentilgesellschaft zu einer geschlossenen Aristokratie inmitten der Plebs. Der Plebs ist in Rom das gemeine Volk. Der Sieg der Plebs sprengt dann die alte Gentilverfassung und errichtet gleich den Staat. Bei den Deutschen, die das Römische Reich überwinden, entspringt der Staat aus der Eroberung großer fremder Gebiete, wozu die Gentilverfassung nicht mehr in der Lage war. Hier sehen wir, dass der Staat ein Produkt der Gesellschaft ist, welcher sich auf einer bestimmten Entwicklungsstufe befindet. Es ist also keine „Wirklichkeit der sittlichen Idee“ oder „das Bild und die Wirklichkeit der Vernunft", wie es Hegel behauptet. Die Gesellschaft gerät in einen unlösbaren Widerspruch, den sie nicht lösen kann. Es sind die verschiedenen ökonomischen Interessen zweier Klassen. Damit aber die Gesellschaft durch diesen Kampf nicht untergeht, ist eine scheinbar stehende Macht über der Gesellschaft nötig geworden. Diese soll Konflikte dämpfen und alles in Ordnung halten. Gemeint ist der Staat. Was kennzeichnet einen Staat gegenüber der Gentilorganisation? Als Erstes ist die Einteilung der Staatsangehörigen nach dem Gebiet zu nennen. Die Menschen waren mobil geworden. „Man nahm also die Gebietseinteilung als Ausgangspunkt und lies die Bürger ihre öffentlichen Rechte und Pflichten da erfüllen, wo sie sich niederließen, ohne Rücksicht auf Gens und Stamm" (MEW Bd. 21 S. 165). Als Zweites ist die Einrichtung einer öffentlichen Gewalt zu nennen. Da die Gesellschaft in Klassen gespalten ist, ist eine selbstständige bewaffnete Organisation der Bevölkerung unmöglich geworden. Notwendig waren ebenfalls Gefängnisse und Zwangsanstalten aller Art, um die Bürger in Zaum halten zu können. Die Gentilgesellschaft kannte so etwas nicht. Umso mehr sich die Klassengegensätze verschärften, das Land und die Bevölkerung zunahm, so vermehrten sich auch die oben genannten Anstalten. Damit diese öffentliche Gewalt existieren kann, sind von dem Bürger Steuereinnahmen notwendig. Mit dem Fortschreiten der Zivilisation fängt der Staat an, Staatsschulden zu machen? Hier stehen die Beamten als Organe der Gesellschaft über der Gesellschaft. Zusammenfassend kann festgestellt werden, dass der Staat entstanden ist, um Klassengegensätze in Zaum zu halten. Der Staat hat sich aus den Konflikten der verschiedenen Klassen entwickelt. Damit ist er in der Regel ein Staat der ökonomisch herrschenden Klasse. Durch die Macht des Staates wird die unterdrückte Klasse niedergehalten und ausgebeutet. So war der antike Staat ein Staat der Sklavenbesitzer zur Unterdrückung der Sklaven. Der Feudalstaat war das Organ des Adels, um die Leibeigenen und die hörigen Bauern niederzuhalten. Der moderne heutige Staat ist das Werkzeug der Ausbeutung des Lohnarbeiters durch das Kapital. Nun gibt es auch Perioden, wo die einander kämpfenden Klassen nahezu ein gewisses Gleichgewicht halten. In dieser Situation tritt die Staatsgewalt als eine scheinbare Vermittlerin zwischen den Klassen auf und erhält hier eine gewisse Selbstständigkeit. So war dies bei der absoluten Monarchie des siebzehnten und achtzehnten Jahrhunderts sichtbar, die den Adel und das Bürgertum gegeneinander Balancierte. So war es bei Bonaparte I. und des zweiten französischen Kaiserreichs, wo das Proletariat und die Bourgeoisie gegenseitig ausgespielt wurden. Auch unter Bismarck wurden die Kapitalisten und Arbeiter gegeneinander balanciert und geprellt, im

Sinne der preußischen Krautjunker. Außerdem sind in den meisten Staaten Rechte zu sehen, die nach dem Vermögen eingestuft wurden. Bei den athenischen und römischen Vermögensklassen und im mittelalterlichen Feudalstaat war dies gängige Praxis, wo die politische Machtstellung sich nach dem Grundbesitz gliederte. Eine gewisse Ausnahme machte hier die demokratische Republik. Von Besitzunterschieden weiß man hier offiziell nichts. Die Macht wird hier indirekt ausgeübt. Zum einen in Form der direkten Beamtenkorruption und zum anderen in Form einer Allianz von Regierung und Börse. Die Machtausübung vollzieht sich hier leichter, wenn die Staatsschulden steigen und immer mehr Aktiengesellschaften den Transport und die Produktion in ihren Händen konzentrieren und diese wiederum in der Börse ihren Mittelpunkt finden. Hier herrscht die besitzende Klasse mittels des allgemeinen Stimmrechts, solange die unterdrückte Klasse diese bestehende Gesellschaftsordnung als das einzig Wahre ansieht und so politisch der Schwanz der Kapitalklasse ist. Das allgemeine Stimmrecht ist aber auch der Gradmesser der Reife der ausgebeuteten Klasse. Hier sehen die Kapitalisten woran sie sind, wenn sich eine Partei, die ihre Interessen vertritt, etabliert. Der Staat ist nicht für die Ewigkeit. Es gab Gesellschaften ohne ihn. So wie er entstanden ist, so wird er auch wieder fallen. Das wird mit den Entwicklungsstufen der Produktion beantwortet, wenn einmal der Punkt erreicht ist, wo die Klassen ein Hindernis darstellen. Wann entsteht aber eine Gesellschaft, wo die Produktion auf der Grundlage von freien und gleichen Produzenten neu organisiert wird? Die Zivilisation ist diejenige Entwicklungsstufe der Gesellschaft, die auf der Teilung der Arbeit beruht und den daraus entspringenden Austausch der Einzel- und der Warenproduzenten. Hier sind beide Seiten zusammengefasst. Alles kommt hier zur vollen Entfaltung und wälzt die ganze frühere Gesellschaft um. Hier sind die Produzenten nicht mehr Herrscher über ihren Produktionsprozess und ihrem Produkt wie im früheren kommunistischen Gemeinwesen. Die Teilung der Arbeit untergräbt die Gemeinsamkeit der Produktion und Aneignung durch Einzelne. Die Warenproduktion, die nicht mehr eine Produktion für den Eigenverbrauch ist, sondern für den Austausch bestimmt ist, bedingt den Wechsel der Produkte in andere Hände. Wie sieht der Prozess aus? Der Produzent gibt sein Produkt für den Tausch weg. Sobald er das tut, weiß er nicht mehr, was aus dem Produkt wird. Nun treten das Geld und der Kaufmann als Vermittler zwischen den verschiedenen Produzenten auf. Damit wird der Austauschprozess noch komplizierter. Von diesen Kaufleuten gibt es viele und keiner von ihnen weiß, was der andere tut. Damit gehen die Waren nicht mehr nur durch Hand zu Hand, sondern von Markt zu Markt, wo die Produkte und die Produktion dem Zufall verfallen. Doch der Zufall ist in diesem oben genannten Zusammenhang nur die eine Seite. Die andere Seite ist die Notwendigkeit. Zufall und Notwendigkeit spielen hier eine Rolle. Dort, wo man annimmt, dass der Zufall zu herrschen scheint, gibt es eine innere Notwendigkeit und Gesetzmäßigkeit, die sich hier durchsetzt. Was in der Natur gilt, gilt ebenfalls für die Gesellschaft. Nimmt die gesellschaftliche Tätigkeit zu, nehmen auch die gesellschaftlichen Vorgänge zu, bis ein Punkt erreicht ist, wo der Mensch diese Vorgänge nicht mehr erfassen kann und alles dem puren Zufall überlassen wird. In diesem Zufall setzen sich aber gleichzeitig immer mehr die ihm eigentümlichen und innewohnenden Gesetze wie mit Naturnotwendigkeit durch. Diese Gesetze beherrschen die Zufälligkeiten der Warenproduktion und des Warenaustauschs. Sie stehen dem einzelnen Produzenten und demjenigen, der sie austauscht, fremd gegenüber, die mühsam erforscht und ergründet werden müssen. Es sind ökonomische Gesetze der Warenproduktion, die sich mit den verschiedenen Entwicklungsstufen dieser Produktionsform modifizieren. Die gesamte Periode der Zivilisation wird im Großen und Ganzen von den ökonomischen Gesetzen beherrscht. Schaut man sich die Gesellschaft heute an, ist festzustellen, dass das Produkt den Produzenten beherrscht. Die gesamte Produktion in der Gesellschaft wird durch blinde Gesetze beherrscht, die sich bis hin zu periodischen Handelskrisen erstreckt. Nun hat es gar nicht lange gedauert, bis man erkannte, dass der Mensch auch eine Ware sein kann. In der Zivilisation erhielt die Sklaverei ihre volle Entfaltung und die erste große Spaltung der Gesellschaft in einer ausbeutenden und ausgebeuteten Klasse wurde vollzogen.

Zusammenfassung

Die Zusammenfassung der zivilisierten Gesellschaft ist letztendlich der Staat und die platte Habgier war die treibende Seele der Zivilisation. Jeder Fortschritt in der Produktion kann man gleichzeitig als ein Rückschritt der Lage der unterdrückten Klasse betrachten. Die eine Klasse hat so ziemlich alle Rechte, die andere dagegen ziemlich wenig Rechte. Was gut ist für die herrschende Klasse, soll auch gut sein für die ganze Gesellschaft, mit der sich die herrschende Klasse identifiziert. Umso mehr die Zivilisation fortschreitet, um so mehr ist die herrschende Klasse genötigt, die von ihr geschaffenen Übelstände mit dem Schein der Liebe zu bedecken. Sie beschönigt oder leugnet die Dinge weg. Es ist eine Heuchelei. Die Ausbeutung wird nur betrieben im Interesse der unterdrückten Klasse selbst. Sieht man das nicht ein, so ist das der größte Undank gegenüber dem Ausbeuter oder dem Wohltäter. Das Wachstum des Reichtums wird so verschiedenartig, umfassend und geschickt im Interesse der Eigentümer gehändelt, dass der Menschengeist ratlos und gebannt dem gegenübersteht. Eine Macht, die man nicht bewältigen kann, obwohl man sie selber geschaffen hat. Aber irgendwann wird die Zeit kommen, wo die Vernunft des Menschen so stark geworden ist, wo man sieht, dass das Verhältnis des Staates zum Eigentum nicht im Interesse aller Gesellschaftsmitglieder steht, sondern nur den Eigentümern. Die bloße Jagd nach Reichtum kann nicht die Endbestimmung der Menschheit sein. Eine solche Laufbahn, wo nur der Reichtum das ganze Ziel darstellt, enthält Elemente ihrer eigenen Vernichtung.

Literaturverzeichnis

Dialektischer und historischer Materialismus – Lehrbuch, 9. Auflage, Berlin: Dietz Verlag 1981 (Exzerpt)

Friedrich Engels: Anteil der Arbeit an der Menschwerdung des Affen. MEW Band 20, 2. Auflage, Berlin: Dietz Verlag 1983 (Exzerpt)

Friedrich Engels: Der Ursprung der Familie, des Privateigentums und des Staates, MEW Band 21, Berlin: Dietz Verlag 1984 (Exzerpt)

Joachim Herrmann: Einführung in Engels` Schrift – Der Ursprung der Familie, des Eigentums und des Staates, 2. Auflage, Berlin: Dietz Verlag 1987 (Exzerpt)

Jürgen Kuczynski: Allgemeine Wirtschaftsgeschichte – Von der Urzeit bis zur sozialistischen Gesellschaft. Berlin: Dietz Verlag GmbH 1949 – (Exzerpt)

Bisher erschienen

Karsten Demant: Exzerpt über Cicero's drei Bücher Von den Pflichten, BoD – Books on Demand, Norderstedt 2021

Karsten Demant: Exzerpt über Schillers Antrittsvorlesung an der Universität in Jena 1789, BoD – Books on Demand, Norderstedt 2021 (eBook)

Karsten Demant: Montesquieu und seine Staatstheorie im Geist der Gesetze (Exzerpt) – Mit einen kleinen Exkurs der Gewaltenteilungslehre, Bod – Books on Demand, Norderstedt 2021

Karsten Demant: Kleiner Ratgeber für Studienanfänger, BoD – Books on Demand 2022